AF398478

Förlag: BoD · Books on Demand, Östermalmstorg 1,
114 42 Stockholm, bod@bod.se
Tryck: Libri Plureos GmbH,  Friedensallee 273,
22763 Hamburg, Tyskland
ISBN: 978-91-8097-047-1

# Men hur säger man?

## Användbara uttryck, verb och fraser

# Innehållsförteckning

# Introduktion

*Vad är det som får oss att tänka och fundera på olika grejer i livet? Vad är det som får oss att diskutera med varandra? Vad är det som får oss att bråka med varandra? Och vad är det egentligen det som får oss att skriva ner våra tankar och läsa igenom dem igen någon gång?*

Mina svar på dessa frågor materialiseras i den här boken. Enkelt uttryckt är den här boken en samling korta berättelser och bygger på vanliga samtal med vänner och efter läsning av lättlästa böcker på svenska. Min personliga åsikt är att bokens teman till stor del är saker vi vill kunna hålla en konversation om, men de kan vara svåra att börja prata om och beskriva när man är i startskedet av att lära sig svenska. Jag har valt ämnen som jag själv tycker om att diskutera, såsom miljö, historia och litteratur. Jag hoppas att du som läser kommer finna dem intressanta, och att du vill läsa mer om dem om ämnena är nya för dig.

Det kan vara svårt att uttrycka det man vill på ett nytt språk. Det kan bero på att man inte känner till de rätta orden, och ibland kan det vara på grund av att man gör det vanliga misstaget, att översätta direkt från sitt modersmål till svenskan. De som börjar lära sig svenska, såsom jag gjorde för några år sedan, kommer dock snart märka att vissa uttryck och fraser ofta kan översättas direkt från engelska och funkar på ett liknande sätt på svenska såväl som på engelska. Så för de som vill lära sig svenska, och redan kan bra engelska, får man med andra ord en hel del gratis. På engelska heter det *I cannot believe my eyes* och på svenska blir det *Jag kan inte tro mina ögon*, när man ser något ofattbart som är svårt att ta in. I många fall är det dock inte alls lika enkelt. Det engelska uttrycket *at the end of the day* beskriver till exempel en slutsats som kan dras efter att något har hänt. På svenska går det inte att säga *vid slutet av dagen* för samma sak. Då måste man lära sig det speciella uttrycket på svenska som passar för detta sammanhang, vilket i detta fall skulle kunna vara *när allt kommer omkring*.

Utvalda ord står i fetstil i texten, och återfinns i ordlistan till höger om texten. Dessa ord beskrivs med en synonym på svenska och en engelsk översättning. Jag hoppas att du kommer lära dig några av de uttryck, verb och fraser som förekommer i boken. De används på ett lättsamt sätt i ett sammanhang, så att du förhoppningsvis ska kunna införliva dem i dina egna dagliga samtal.

Lycka till med din svenska!

Dimitrios Romvelis

# Tankar

**Jag måste erkänna** att jag under en lång period i mitt liv inte reflekterade så mycket över mina ordval. Så länge jag kan minnas har jag alltid **strävat efter** ny kunskap. Om allt. Det var min pappa som hjälpte mig upptäcka världen och det viktigaste råd han gav mig löd: "Saker, miljö och omgivning förändras ständigt, och därför förändras även samhället och världen. Vilket betyder att du också måste göra det."

Det verkade lätt att **ta in** till en början men efter ett tag blev det **inte fullt så enkelt**. Min pappa var mycket inspirerad av Aristoteles och Heracletus i sitt sätt att tänka på, och det var anledningen till att han gav mig ett sådant råd. Han sa alltid att det är det bästa sättet att för någon att **anpassa sig** till den föränderliga världen och att **ta itu med** vardagsproblemen.

När man är ung, som i tonåren, tänker man inte efter så noga. Då är man passionerad över sina intressen och det man brinner för. **Därmed** brukar man **hålla fast vid** de idéer eller uppfattningar man alltid trott på eller har vuxit upp med. Det är **inte alls** särskilt lätt att ändra åsikt, oavsett ämne såsom politik, konst,

---

*att erkänna: att medge något eng: to admit*

*att sträva efter: att försöka nå upp till något eng: to strive for*

*att ta in: att absorbera, att fullt förstå något eng: to absorb, to realise*

*inte fullt så enkelt: svårare än det först verkade eng: not so simple after all*

*att anpassa sig: att bli en del av samhället, att passa in i omgivningen eng: to adapt*

*ta itu med: att ta hand om eller att fixa eng: to deal with something*

*därmed: som resultat av det eng: hence, consequently*

*att hålla fast vid: att behålla något man älskar eng: to stick with*

*inte alls: ingalunda eng: not at all*

ekonomi, sport eller vetenskap.

Mycket av det vi tror på är åsikter som vi har skapat genom våra upplevelser och erfarenheter och vi har byggt upp våra liv baserat på dem. Om ett system fungerar för oss, förlitar vi oss på det och då blir det svårt att tänka sig hur det skulle kunna fungera på ett annat sätt. Det är mycket svårare att förstå det när man är ung eftersom man då börjar lära sig hur livet fungerar och därför måste man ha tydliga verktyg för att förstå detta system.

Vi människor är sociala varelser. Vi behöver bra och starka relationer för att klara oss och för att förstå världen. Dessa relationer blir nästan som en bibel som man använder och återkommer till för att bestämma om man har rätt eller fel. **På grund av** dessa relationer skapar vi ett mentalt system över hur vi borde fungera och reagera, och kanske är det även anledningen till att vi får en känsla av att **höra hemma** någonstans.

*på grund av: till följd av
eng: because of, due to*

*att höra hemma: känslan av att vara på rätt plats
eng: to feel at home, to belong*

Och att höra hemma är ju mysigt, tryggt och bekvämt. Det vill vi inte ändra på. Även om vi skulle vilja ändra på det så vill vi inte göra några stora förändringar. Så verkar det vara. Därför försöker vi komma överens och ha ett samförstånd med de människor vi lever med i vår närmaste omgivning.

För många år sedan tänkte även jag på det sättet. När jag var 18 år hade jag något som skulle kunna beskrivas som en rock'n'roll-fas; jag ville inte bli tillsagd vad jag skulle göra eller vilken musik jag skulle lyssna på. Samtidigt trodde jag dock att jag skulle vara ung och upprorisk **för evigt.**

Jag trodde att jag skulle protestera och kämpa mot systemet och politikerna som jobbar för att upprätthålla det. Och jag var inte ensam om att tro det. Jag och mina vänner hade läst mycket om rebeller, såsom Spartacus och Che, människor som **beredde väg för** stora förändringar i samhället och för folks levnadssätt. Vi ville bli som dem.

Vilka förändringar vill vi då ha? Det är svårt att bilda sig en uppfattning om det. I exempelvis Sverige har de flesta säkerligen det mesta man behöver, inte bara för att **försörja sig**, utan också för att ha en bra livskvalitet. Andra länder har sina egna utmaningar och hinder att övervinna.

Det finns alltid något som man skulle kunna göra för att **gradvis** underlätta människors liv. Även du, som läser nu, kan uppfinna något nytt **så länge som** folk inte har det, men skulle vilja ha, eller komma på ett nytt användningsområde för något som redan finns.

*för evigt: för alltid eng: forever*

*att bereda väg för: att lägga grunden till eng: to pave the way for*

*att försörja sig: att klara sig, att ha en inkomst eng: to provide for oneself*

*gradvis: stegvis, långsamt eng: gradually*

*så länge som: något måste vara sant för att det andra ska hända eng: as long as*

**Enligt** många sociologer och filosofer är det teknologi, medicin och ekonomi som driver mänsklighetens utveckling framåt. Koncept som **förser** folk med vad de behöver för att förbättra sina liv. Därigenom får folk bättre livskvalitet och behöver inte längre bry sig om saker som var svåra **förut** och kan **på så vis** fokusera på andra saker och på framtiden.

*enligt:* det som någon tycker eng: according to

*att förse någon med något:* att ge något nödvändigt till någon eng: to provide something to someone

*förut:* tidigare, för en tid sedan eng: before, previously

*på så vis:* därmed, följaktligen eng: thus, therefore

# Träning och hälsa: en del av livet

## Träning, kost och matvanor

Har du tränat någon gång? Om svaret är ja, är jag säker på att det kändes jättebra för både kropp och själ. Det **har dels att göra med** att träning kan hjälpa kroppen släppa ut endorfiner, dels att träning skapar en känsla av prestation, en känsla av att ha uppnått ett mål.

*dels ..., dels ...: både ... och ... eng: one one hand, on the other hand*

Att träna **betraktas som** något bara atletiska människor gör, men så borde det inte vara. När en del människor tänker på träning, föreställer de sig personer som har den som deras mest älskade hobby. Men det är **inte nödvändigtvis så**. Träning är för alla och om man vill kan man hitta ett träningsprogram som passar en själv. Det är viktigt att hitta ett sånt program eftersom träning bidrar till bättre hälsa. Det är förståeligt att det är svårt att hinna träna, **i dessa tider** om man har jobb, familj och andra hobbyer, men det vore bra om man la ner tid på träning. Träning har varit viktigt **ända sedan** vi började utvecklas som art.

*att betraktas som något : att se något som eng: to be seen as something*

*inte nödvändigtvis så: det kan finnas andra anledningar eller orsaker till det eng: not necessarily so*

*i dessa tider: nuförtiden eng: these days*

*ända sedan: sedan en specifik tidsperiod eller tidpunkt eng: ever since*

**Det sägs att** ett bra träningsprogram **består av** tre viktiga delar, eller steg. Dessa är:

*det sägs att: folk tycker i allmänhet eng: it's been said that*

*att bestå av: det något utgörs av eng: to be made up of*

a) Uppvärmning. Innan man börjar med lyft eller annat och kan uppvärmning bestå av till exempel löpning eller cykling.

b) Konditionsträning eller tyngdlyftning. Under denna del utövar man de mest intensiva kroppsrörelserna.

c) Stretching. Man stretchar musklerna åt andra sidan för att lindra dem.

För många innebär träning endast cykling, löpning **eller liknande**. Men för att ett träningsprogram ska vara så bra som möjligt borde det innehålla olika övningar som kan stärka kroppen. **Det är anledningen till** att man borde börja med uppvärmning, så att musklerna värms upp. Blodtillförseln till musklerna ökar då, så att de snabbare syresätts. Stretching, som avslutning, hjälper till att bevara musklernas flexibilitet. Det första och det sista steget **anses vara** därmed lika viktiga som den huvudsakliga delen av träningen, om inte ännu viktigare. Om man inte har tid att ordentligt genomföra alla stegen för ett komplett träningspass, menar tränare att det är bäst att inte träna alls.

Oroa dig inte om det **var länge sedan** du sist tränade. Musklerna har något som kallas för muskelminne. **I princip** betyder det att musklerna har kapacitet att lagra i ett slags "minne" hur du tränade sist för att direkt **känna igen** vad du ska göra. Detta är en medveten respons från kroppen som **sträcker sig tillbaka** till perioden när människan var tvungen att jaga och skydda sig samtidigt. Då var människan tvungen att lära sig några grundläggande rörelser för att inte behöva tänka efter, och som resultat utvecklades **förmågan att** göra sig av med mindre energi nästa gång man gjorde en rörelse. För människan som art var detta ett jätteviktigt verktyg eftersom resurserna var knappa.

**Generellt sett** är människokroppen utvecklad **på så sätt** att den **endast** behöver ett visst antal näringsämnen och en viss energi för att överleva. Kroppen har inga kroppsdelar eller organ den inte behöver eftersom det skulle kräva mer energi. Varför är det så? Jo, därför att för hundratusentals år sedan **såg livet annorlunda ut**. Maten var knapp. Människan var tvungen att omvandla allt som ätits till energi. Extra näring som åts lagrades i form av fett så att den kunde omvandlas till energi när det behövdes. Så var det **ett bra tag** och det blev till slut rutin för kroppen att lagra överskottet av energi på det sättet. Det är anledningen till att människokroppen tenderar att lagra överskottet av näring då man äter mer än man egentligen behöver. Och tyvärr är det en bidragande orsak till att många nuförtiden är **benägna att** bli överviktiga.

Människor har olika ämnesomsättning. Det betyder att kapaciteten att förbränna mat till energi eller lagra fett sker vid olika mängder och i varierande takt. Det finns smala personer, som **trots att** de äter mer än de behöver, inte lagrar så mycket fett. **I kontrast till** överviktiga personer som tenderar att lagra fett relativt lätt, har smala människor en ämnesomsättning som driver kroppens kemiska reaktioner långsamt och maten lagras därför enklare och snabbare än den förbränns.

Vi måste nu gå tillbaka hundratusentals år i tiden ännu en gång. Nu lever människan under en tidsperiod när kroppen alltid är i behov av energi. Denna funktion har bevarats tills nu och kroppen tenderar därför att lagra energi. Numera är dock tillgången på mat större, eftersom vi i vårt moderna samhälle är **omgivna av** mat. I livsmedelsbutiker, på marknader, i kiosker, kan man enkelt hitta mat. Tyvärr innehåller denna mat ofta mycket salt, socker och vitt mjöl, vilket inte är det bästa för hälsan.

I ett land som Sverige **finns det gott om** mat, oavsett var man väljer att bo. Det finns **som sagt** mat i någon form på många ställen i en stad, och även på landsbygden är det inte långt till närmaste mataffär. Tyvärr kan det vara orsaken till att vi har utvecklat mindre bra matvanor. **Vi har vant oss vid** att ha all sorts mat i vår närhet och det leder till att vi köper mer mat än vi behöver. Bröd, pasta, kött. Och ofta äter vi mer än vi behöver.

**Kort sagt,** dynamiken i hur man äter, hur mycket mat man äter, hur maten lagras och förbränns i kroppen har ändrats väldigt mycket under de senaste tusentals åren. Mat som åts **i överskott** brukade lagras som fett, och denna funktion har bevarats tills nu. Det fungerade då som en **sista utväg** för människokroppen att få energi så att man kunde överleva under perioder av svält. Det borde inte längre fungera på det sättet, då risken för svält i det moderna samhället för de flesta människor är väldigt liten, men det är en grundläggande funktion av vår evolution och kan inte förändras på något lätt sätt.

"Dåliga matvanor" är en term som används för att beskriva specifika vanor som många människor har gällande mat. Det kan betyda att äta för mycket socker, fett eller salt eller helt enkelt för mycket. Tyvärr är dessa ovan nämnda näringsämnen skadliga för ens hälsa i för stora mängder. Som tidigare nämnts, var dessa näringsämnen **förr i tiden** knappa och människokroppen ville därför lagra dem som en energiresurs när behov skulle dyka upp. Numera **är det tvärtom**: dessa näringsämnen finns i överflöd i våra livsmedel.

Dåliga matvanor **vid sidan av** brist på träning och att vara inaktiv på jobbet (och allmänt i livet) bidrar till risken att bli överviktig. Och detta kan **ge upphov** till hälsoproblem som till exempel hjärtproblem, diabetes och kroniska problem med benen och ryggen.

Snabbmat smakar väl jättebra, eller hur? De flesta skulle hålla med detta. Och **det skadar inte** att äta lite snabbmat någon gång i veckan. Det är helt okej att äta glass **då och då**. Visste du att många läkare rekommenderar att man gör det? Problemet skulle dyka upp om man skulle låta detta bli en vana. Det finns experter på mat och näring som man kan prata med för att få bra råd och skapa sitt eget matschema. Detta kan hjälpa ens konsumtion av socker, fett och så vidare att vara **lagom**. Det kan man uppnå **genom att** prata med en läkare **samt** en nutritionist. En läkare kan upptäcka och ta hand om allergier man kan ha och sedan ge råd om vilken mat man bör undvika, mat som kan öka ens intolerans mot vissa näringsämnen. En nutritionist kan hjälpa till med att balansera upptaget av protein, kolhydrater och fett i ens diet.

Det sägs att man kan få bästa resultat för hälsan på sikt om man äter en lagom mängd av olika ingredienser i maten. Ibland kan det kosta lite mer, som att till exempel köpa mer ovanliga grönsaker, spannmål av bra kvalitet, få extra vitaminer och mineraler i form av kosttillskott och så vidare. Men att göra allt man kan för att hålla sin hälsa i bra skick **är** definitivt **värt det!**



## Stress, fritid och hälsa

När man har ett stressigt jobb kan det tyvärr leda till att man inte har mycket tid över för sig själv. Man kan jobba många timmar om dagen och till och med vara tvungen att jobba när man är hemma också. Då är det bara naturligt att man **är slut** och inte har någon energi för att träna.



Min morbror är maratonlöpare, och har deltagit i många maratonlopp i sitt liv. Han säger att det är jätteviktigt för alla att träna minst 30 minuter varje dag. "Även på söndagar?!" frågade jag som **inte** hade **den blekaste aning** om träning på den tiden. "Javisst", svarade han, "bara lite träning varje dag kan behålla ens kropp i bra skick." Då **insåg jag** att det är något jag också måste göra.





Jag har tränat kampsport i tre år. Det är intressant,

men ganska intensivt och därför kanske inte för alla. Det finns alltid något som kan **gå snett** och det kan finnas risk för skador. Jag själv skadades för några år sedan när min axel gick **ur led** under ett armlås. Det största problemet var dock att jag var tvungen att ta det lugnt efter det, och efter ett tag kunde jag inte fortsätta. Mitt jobb var då också ganska stressigt.

Ända sedan jag kom till Sverige har jag haft det kämpigt i perioder, med problem som jag var tvungen att lösa. I början jobbade jag som diskare i tio timmar om dagen nästan varje dag, samtidigt som jag studerade svenska. Dessutom lagade jag mat till mig själv varje dag. Under denna period **var det vansinnigt** stressigt . Jag hade ingen tid över för att träna. **Det var på tiden** att detta fick ett slut!

Många har sådana problem med tidsbrist på grund av sina jobb. Det är antingen för intensivt eller för svårt att jobba efter ett konstigt schema. När man till exempel jobbar som frilansare är man ofta tvungen att komma till jobbet **med kort varsel**, vilket kan störa om man är mitt i ett träningsprogram. Detta kan förvärras längre fram om man blir **van vid att leva** så eftersom det kan bli svårare att bli av med denna vana av avbrott i framtiden.

Ett bra träningsprogram har många fördelar. En av dem är att det hjälper till med att träna ens uppmärksamhet och genom att träna kroppen till att frigöra hormoner känner man sig alert. En annan fördel är att det kan hjälpa med sömnproblem. Dessutom kan träning hjälpa en hitta en bra balans mellan saker man måste göra under dagen. Det hjälper en att minnas vad som måste göras och på det sättet inges en känsla av tillfredsställelse. **För att inte tala om** fördelarna träningen har för ens hälsa.

Hinner ni inte träna tre gånger i veckan är det **inte hela världen**. Försök att träna åtminstone två gånger i veckan. Om du inte hinner ta dig till gymmet, kan du alltid träna hemma genom att göra några enkla övningar för att **hålla dig i form**. Det finns gratis träningsvideor på sociala plattformar som man kan följa. Det kan vara en bra lösning för den som föredrar att träna **i avskildhet.** Om du vill ha snabba resultat är det kanske klokare att prata med en erfaren tränare för att skapa ett bra schema med rätt tempo. När schemat är på plats är det bara att fortsätta. Börja med att prata med en tränare och fixa ditt eget program **med detsamma**! Och tänk på att det samtidigt är bra att **ta hänsyn till** ett bra matschema eftersom det kan hjälpa mycket för att få ett bra resultat. Energidrycker som har ett högt koffeininnehåll eller mat som i huvudsak består av protein är väl okej, men kan inte ersätta en varm hemlagad måltid!

## När sport blir livsviktigt

Jag gillar att titta på sport, oavsett vad det är för sport. Allra mest gillar jag kampsport men alla typer av sport är intressanta. Om jag inte hade pluggat biologi skulle jag kanske varit intresserad av att bli professionell idrottare. Jag tror jag skulle ha **varit** ganska **grym på** detta. Problemet är att jag inte är säker på om jag skulle kunna viga mitt liv åt att bli så grym att jag skulle kunna delta i OS. Just nu **utgör** träningen ungefär 20 procent **av** min fritid; jag vet inte om jag skulle kunna lägga mer tid än så på träning. Att vara professionell idrottare är **väsensskilt** från att bara träna på gym tre gånger i veckan.

Det finns länder med många människor som inte har möjlighet att studera vidare på universitet eller få en annan typ av utbildning. Till exempel finns det i Brasilien många miljoner invånare men det är ett relativt fattigt land. Det betyder att staten inte kan erbjuda högre utbildning kostnadsfritt till alla och **följaktligen** väljer många att bli professionella idrottare.

*att vara grym på någonting:* att vara bra och duktig på någonting eng: to be good at something

*någonting utgör ... av någonting annat:* hur stor del något är av någonting annat eng: something makes up ... of something else

*väsensskild:* någonting helt annat eng: essentially different

*följaktligen:* därför, alltså eng: consequently

Jag har tittat på många intervjuer med idrottare och lyssnat på deras berättelser. Nästan alla sa att de hade växt upp i en fattig stad, i en fattig omgivning och inte hade råd att plugga. Därför **antar jag** att man inte har många alternativ i livet för att försörja sig, och att bli idrottare är en av dem. I Brasilien är fotboll en nationalsport så det är inte konstigt att landet exporterar många talangfulla fotbollsspelare. Det finns de som menar att **tack vare** konkurrensen mellan alla fotbollsklubbar i Brasilien, och jakten på en bättre framtid, gör att man ägnar sig totalt åt fotbollen. De som inte har andra alternativ i livet tenderar att jobba hårt för att bli bra inom en sport. Kanske har de rätt, det vet jag inte. Men om man blir jättebra och får chansen att bli del i en stor fotbollsklubb, då kan ens karriär **ta fart.**

Självklart finns ingen garanti att man kommer bli en världsberömd idrottare. Som sagt, konkurrensen kan vara hård och det kan dessutom vara svårt att **ta sig över** sitt lands gränser. Men om man lyckas, så kan man vara **på väg till** framgång. Stora företag såsom klädkedjor (och andra) kanske vill att han eller hon gör reklam för deras produkter. Även andra typer av företag som exempelvis biltillverkare kan vilja anlita en för att göra reklam för deras bilar. Till exempel hade Zlatan **en rad** reklamuppdrag under en

***att anta:*** *att tänka sig, att tro eng: to suppose*

***tack vare:*** *på grund av (om något positivt) eng: thanks to*

***att ta fart:*** *att få en bra start eng: to take off*

***att ta sig över någonting:*** *att komma över någonting Eng: to cross (something)*

***att vara på väg till:*** *någonting håller på att hända eng: to be on one's way to*

***en rad:*** *flera på varandra Eng: a series of*

tidsperiod.

Det är svårt att bli en berömd idrottare och ännu svårare att **förbli i rampljuset** eftersom man inte kan behålla en hög atletisk form hur länge som helst. Man kan dock alltid använda de pengar man har tjänat **än så länge** för att investera i något annat i framtiden. Dessutom kan man använda sin popularitet för att vara en god människa och då **ses som** en förebild. På så sätt kan man fortsätta vara populär, även efter man passerat sin toppform.

Det är viktigt att **uppmuntra** barn som visar tecken på att kunna bli bra på sport. Men om man borde fortsätta träna för att nå professionell nivå beror på många faktorer. Vad tycker ni, är det **värt mödan** att ge sig på att bli en berömd professionell idrottare?

# En bok, en värld

Jag älskar mina böcker. **Var och en** av dem har ett sentimentalt värde för mig och jag **tar hand om dem** så att de alltid bevaras i gott skick. För mig är mina böcker lika viktiga som skivsamlingen är för en musikfantast.

*att förbli i rampljuset: att* fortsätta vara berömd eng: to remain in the spotlight

*än så länge: hittills eng:* so far

*att ses som: liknas vid* eng: to be seen as

*att uppmuntra: att främja,* att peppa eng: to encourage

*det är värt mödan: det är* värt ansträngningen eng: It is worth the effort

*var och en: varje eng:* each and every one

*att ta hand om något: att* sköta om något eng: to take care of something

Min boksamling är inte så stor. Men jag har alltid gillat att samla böcker i olika ämnen och kategorier. **Helst** gillar jag att läsa om verkliga berättelser. Om både kända och okända människor som upptäckte metoder i vetenskap eller filosofiska idéer och **lade grunden till** stora förändringar i historien. Till exempel känner alla till Albert Einstein och Isaac Newton eftersom deras upptäckter utgör **milstolpar** inom fysiken. Och det finns många andra som inte är lika berömda som dessa två men som är lika smarta och deras berättelser minst lika intressanta.

Jag har fått frågan vilken min absoluta favoritbok är någonsin, men det är **i själva verket** nästan omöjligt att bara välja en. Det finns en bok som jag älskar att diskutera, som kallas "Rosens Namn" och skrevs av den italienske författaren Umberto Eco. Många tycker att verket är hans magnum opus och det kan man **med rätta** kalla det.

Det är inte lätt att karakterisera denna bok. Jag tror den kan beskrivas som ett medeltida äventyr. En icke-existerande karaktär genomlever många historiskt verkliga situationer under **en viss** period, vilket är temat Umberto Eco har valt att använda i andra böcker också, som till exempel "Begravningsplatsen i Prag". I denna bok kommer en munk som tillhör Franciskanorden, William av

*helst: i synnerhet eng: preferably*

*att lägga grunden till: att göra något möjligt eng: to pave the way for*

*en milstolpe: ett vägmärke, en viktig förändring eng: a milestone*

*i själva verket: faktiskt eng: actually, as a matter of fact*

*med rätta: rimligen eng: rightfully so*

*viss: särskild eng: certain*

Baskerville, fram till ett stort kloster för att hjälpa till vid en mordundersökning och **förhoppningsvis** avslöja mördaren. Året är 1327 och hunger och svält härskar över stora delar av Europa, vilket ger berättelsen en mörk stämning.



Under Williams besök **äger** fler mord **rum**. Ingen vet hur dessa går till, men William börjar se ett mönster mellan morden vilket leder honom till mördaren... som inte är en person! Jag ska inte avslöja slutet för jag tror att du skulle få ut mer av historien av att läsa boken själv.



Den viktigaste anledningen till att läsa boken enligt mig är att det finns **en hel del** information i den. Till exempel beskriver författaren samhällets struktur och människors åsikter och tankesätt. Tyvärr var religion på den tiden **i grund och botten** den enda etiska auktoriteten för människor och kyrkan var hård mot personer av olika religiös bakgrund, homosexuell läggning och så vidare. Den spanska inkvisitionen var också redan i full gång. De trodde att sådana människor var ett hot mot samhället och ville **bli av med dem**.





Kyrkans chef i boken är porträtterad som en sträng och elak person som hatar skratt. Han trodde att skratta är onaturligt enligt Bibelns principer så han ville att alla i klostret skulle vara tysta och nedstämda precis som Kristus var.

Varje gång William **ägnade sig åt** diskussion med abboten hamnade de i bråk, och abboten kallade till slut William för kättare. Orsaken till det var att William hade många åsikter som var **annorlunda** än de som hans överordnade hade. Men det största problemet abboten hade med William var att William ville få tillgång till klostrets bibliotek, där många gamla böcker finns. Abboten sa att det var förbjudet för alla utom honom, kanske då han inte ville att en specifik bok skulle hittas av någon **av misstag**...

När antalet dödsfall ökade tänkte abboten att **nu får det vara nog.** Han kontaktade den spanska inkvisitionen för att hitta en syndabock och **dra** folkets uppmärksamhet **bort från** morden. De skulle tortera denna person för att sätta skräck i folk och tvinga alla att **vara i linje med** Bibelns läror.

Abbotens hemlighet skulle dock snart avslöjas av William. När William upptäckte en smal korridor till klostrets bibliotek, bestämde han att han skulle gå dit **i smyg.** Han var säker på vad som orsakade morden och planerade att berätta det för alla. Men när abboten upptäckte honom i biblioteket startade han en eld i klostret så att mördaren inte skulle bli avslöjad och då får boken ett dramatiskt slut.

För mig är ett av bokens huvudbudskap är

beskrivningen av hur svårt det är att övertyga en person om att ändra uppfattning när personen blint tror på något annat. Trots att William hade många övertygande bevis var det **dock** lättare och bättre för folk att **bortse från** detta eftersom de inte ville stöta sig med abboten. När sanningen uppdagades **i slutändan** var det ändå inte många som ville tro på den.

William lyckades **slita sig från** den spanska inkvisitionen och var mycket besviken över att inte ha kunnat rädda några av bibliotekets intressanta och värdefulla böcker som förstördes i branden. **I synnerhet** några särskilt gamla böcker. Han var dock glad över att **åtminstone** ha undkommit med sitt liv i behåll.

## Det bästa minnet

Vad skulle du välja: vinna en miljon kronor eller resa 25 år tillbaka i tiden? Jag tror att de flesta skulle välja pengarna **hellre än** att resa i tiden, men inte jag. Anledningen till det är att för ungefär 25 år sedan hade jag de bästa semestrarna  i mitt liv med grymma vänner och upplevelser som jag **inte** skulle

*dock: ändå, men Eng: however*

*Att bortse från: Att inte räkna med Eng: to disregard*

*i slutändan: slutligen Eng: in the end*

*Att slita sig från: Att fly. Eng: to escape*

*I synnerhet: framför allt. Eng: Especially, in particular*

*Åtminstone: Minst. Eng: At least*

*Hellre än: 'mer gärna' Eng: Rather than*

ha fått **någon annanstans.**

Min familj och jag åkte till en liten plats precis utanför staden Egion, som ligger i Achaiaregionen i Grekland. Det var ganska billigt att hyra ett litet semesterhus där, så många **hade råd att** resa dit. Där träffade jag några av mina bästa vänner, som jag fortfarande har kvar än idag.

Det sägs i Grekland att en pojke kommer att träffa sina bästa vänner under lumpen. Det kanske beror på att man delar starka erfarenheter under lumpen. Jag är inte säker på att **jag håller med.** För min del **råder det ingen tvekan** om att jag skapade mina bästa minnen under mina semestrar i Egion.

Vi hade allt som småbarn kan önska sig: havet låg nära vårt hus och var klart och inbjudande, en fin italiensk restaurang i närheten lagade pasta med mycket ost, precis som vi ville ha det, och **det säger sig självt** att vi åt mycket glass. Biografen var gammaldags och **inte mycket att hurra för**, men vi brydde oss inte.

Allt detta, och dessutom **i samband med** att vi hade två månaders sommarlov, är något som nästan är omöjligt att ha som vuxen. Det saknar jag numera jättemycket!

Den perfekta dagen under semestern såg ut såhär:

på morgonen badade vi i havet och kunde **utan besvär** vara i vattnet i timmar. Kanske pausade vi lite för att äta vindruvor eller vattenmelon, och därefter spelade vi fotboll, men tyst: föräldrarna låg och vilade! På kvällen badade vi i havet igen **som vanligt**, men bara i någon timme eftersom filmen på bion **strax** skulle börja.

Den perfekta dagen kunde avslutas på olika sätt. **Oftast** berättade vi spökhistorier för varandra på natten, och då försökte vi bräcka varandra genom att berätta den läskigaste historien.

Som barn kunde vi helt enkelt inte fatta hur det skulle vara att bara ha två veckors semester. Vi **tog för givet** att man borde ha två månaders semester!



# Vad blir det för semester?

Människor har olika uppfattningar om vad som är den perfekta semestern. För vissa är **själva poängen med** semester att åka till en plats med mycket folk och vilt festande med alkohol och hög musik. Det fungerar dock inte för alla.

Jag skulle hellre åka till en plats där det är lugnt, mitt i naturen och där den närmaste grannen bor en mil bort. Semester för mig betyder lugn och ro. Jag vill bara **koppla av** under min semester.

Att hyra en liten stuga på landet på sommaren är en dröm för vissa. Eller åka till den egna sommarstugan för att passa på att jobba lite på den, till exempel måla väggar, hugga ved, och så vidare.

Jag, däremot, vill inte jobba på min semester! För mig är semester **inget annat än** att plocka bär eller svamp och promenera barfota i gräset. Eller varför inte ta ett dopp i havet eller i sjön?

Ska du resa ensam eller tillsammans med någon? Vem ska du resa med? Känns det mindre kul att åka bort med släktingar eller personer som man annars träffar varje dag, så kan man resa med sin partner… så länge båda **är överens** om vart man ska! Då måste **givetvis** resmålet vara en plats båda kan uppskatta och njuta av.

I **alla fall** måste man **se till** att det finns grejer som båda skulle uppskatta på resmålet. Om ni båda är naturälskare, så borde ni hitta en plats med orörd natur. Är ni vandrare skulle kanske en resa till fjällen passa bra. Älskar ni däremot historisk kultur, borde ni besöka museer i det land ni befinner er i. **Och så vidare**…

Om du är en person som inte bryr dig så mycket om

*Att koppla av: Att vila. Eng: to relax*

*Inget annat än: När man pratar specifikt om något. Eng: Nothing more than*

*Att vara överens: att alla håller på om något, att tycka samma sak eng: to agree*

*Givetvis: Såklart, naturligtvis. Eng: Of course, naturally*

*I alla fall: åtminstone. Eng: at least*

*Att se till: att bekräfta något Eng: to make sure*

*Och så vidare (o.s.v.): etcetera Eng: Et cetera*

resmålet, kan du välja ett land **på måfå**. Precis som på film, kan man peka på en snurrande jordglob och sedan resa till landet som fingret pekar på!



Man behöver inte ta med sig en dator eller teve på semestern. Är det inte just de grejer man behöver en paus från? En mobiltelefon är ju viktig, så då **låter det rimligt** att ha den med sig. Kanske bör man nöja sig med en telefon och satsa mer på böcker, böcker, böcker. Och varför ska man **helst** ha böcker med sig?





Vetenskapsmän har utfört experiment de senaste decennierna gällande den mänskliga hjärnan. **Det verkar som** att när hjärnan får färdiga bilder och ljud från teven och andra medier behöver den inte jobba mycket för att filtrera och analysera stimulin från omgivningen. De kommer färdiga och man **får dem i sig** utan vidare bearbetning. När man läser en bok, däremot, läser man en beskrivning i ord och skapar sig sedan egna mentala bilder.





**Även om** två personer skulle läsa samma beskrivning så är det väldigt osannolikt att båda skulle rita exakt samma bild utifrån beskrivningen. Det blir så eftersom hjärnor fungerar på olika sätt och det **pekar på att** stimulin från boken får hjärnan att arbeta mer och på ett mer komplext sätt. Eventuellt är det detta som gör oss smartare.

I grund och botten måste man ha roligt och vila under semestern. Det tror jag är något som alla skulle hålla med om. Semester är en paus i vår vardag och **föga överraskande** tenderar folk att göra saker de antingen inte hinner eller inte kan göra på vardagarna. Det är viktigt att få chansen att bara göra roliga och avkopplande saker. Och det är tankesättet alla borde ha innan man planerar sin nästa semester!

*Föga överraskande:* något är förväntat. Eng: *Unsurprisingly*

# Att arbeta

Varför ska man arbeta egentligen? När man var barn kunde man kanske inte riktigt förstå varför ens föräldrar måste arbeta; skälen till detta var inte helt **uppenbara** för oss. Kanske förstod vi att arbete är viktigt för att tjäna pengar så att familjen skulle klara sig. Därför måste föräldrarna arbeta för att kunna

**Uppenbar:** *Självklar.* Eng: *obvious*

försörja sig, eller **tjäna sitt levebröd**, som man säger.

Men det finns andra anledningar också, sa min pappa till mig för länge sedan. Genom att arbeta kan man bli smartare, eftersom man måste tänka på detaljer och komma med lösningar till problem och **hänga med** på jobbet. Man kanske också blir starkare i de fall man är fysiskt aktiv på jobbet.

Via jobbet får man kunskap och erfarenheter och **således** lär man sig nya saker. Denna kunskap kan hjälpa en i livet **överlag**. Man får kontakt med andra människor och system som man inte har kontakt med i vardagslivet. Man får även information om hur andra människor fungerar i ett visst system och i samhället. Detta hjälper oss att socialisera bättre med varandra. Vi är framförallt sociala djur, vilket innebär att vi ofta umgås med varandra, inte bara hemma utan **i offentligheten** också!

Det finns också en annan anledning som många inte pratar om. Det är känslan av tillfredsställelse man får när man utför det man **har som uppgift**. Man får en känsla av att ha bidragit till samhällets gemensamma mål. Och att bidra får en att må bra eftersom det inger en känsla av samhörighet med andra människor.

**Däremot** måste man ha en balans mellan arbete och

fritid. Man måste jobba **såväl som** att vila upp sig, eller ägna sig åt en aktivitet som får en att koppla av från stressen på jobbet.

Att uppnå en bra balans i livet mellan jobb, familj och fritidsaktiviteter är kanske **nyckeln till** lycka. En sådan aktivitet som man **ägnar sig åt** kan vara sport, konst, musik eller annat. Men det är viktigt att göra något som drar ens tankar från jobbet och låter en göra något helt annat.

Vi hör **gång på gång** att nuförtiden är det nödvändigt att jobba på grund av att det är praktiskt taget omöjligt att leva helt **oberoende** av pengar. Trots att man inte själv är i behov av pengar, behöver man kanske spara åt sina barn i framtiden och det kan vara något man gör i många år så att ens barn ska kunna få en bra början på sina liv.

Har det alltid varit så? Kanske inte. Det fanns en tid för länge sedan då man inte behövde lönearbeta för att försörja sig. Man var då i alla fall tvungen att jaga, samla eller skapa något värdefullt för att kunna byta detta mot mat som en sorts valuta. Men det var för några tusentals år sedan. Det finns **fortfarande** samhällen som funkar så, men det gör inte de flesta.

**Allt eftersom åren gick** fick man mer kunskap och kunde specialisera sig på metoder som ledde till uppkomsten av de första yrkena. Numera kan en person vara läkare, en annan ingenjör och en tredje domare. **Ju** större och mer komplext samhället blir, **desto** fler yrken skapas med fokus på de många olika parametrar som rör folks liv. **Alltså** utvecklas yrken, liksom djur och språk har haft sina egna evolutioner. De har förändrats för att anpassa sig till världen, som också har förändrats under så lång tid.

I länder såsom Sverige behöver det inte vara så att ens jobb **motsvarar** det man har pluggat till. Eller vad man har för tidigare arbetslivserfarenhet. Det är ofta viktigt att man kan ett andraspråk eller att man har datorvana, men en arbetsgivare kan även ha andra faktorer på sin lista att **ta hänsyn till**. Faktorer såsom personlighet, arbetsvilja, anpassningsförmåga och social kompetens, som behövs för att skapa bra relationer med ens kollegor. Så ge ditt bästa och oroa dig inte!

# Miljö och föroreningar

Jag läste nyligen en mycket intressant artikel om förorening av Östersjön. Artikeln berättade om detaljer jag inte tidigare känt till eftersom det bara var två år sedan jag kom till Sverige. **På sistone** har problemen i Östersjön tyvärr blivit ännu värre än jämfört med hur det såg ut för tio år sedan. Jag undrar varför det är så, då Sverige tar miljöarbetet på allvar och faktiskt försöker att stoppa **ytterligare** föroreningar. Men det hänger inte bara på Sverige att lösa problemen i Östersjön.

Sverige är inte det enda land som ligger vid Östersjön. **Det beräknas** att ungefär 70 miljoner människor bor i länderna runt Östersjön. Länder som kanske inte har samma resurser som Sverige har för att ta hand om miljön. Diskussioner mellan Östersjöländerna äger rum för att hitta lösningar på vad andra länder **i sin tur** kan göra för miljön.

En tanke är att alla länder skulle börja använda samma metoder för skräpinsamling och vattenfiltrering. Först måste man investera i ny teknologi som kan rengöra och samtidigt hålla miljön fri från föroreningar från **mänsklig aktivitet**. Mänsklig aktivitet kan vara allt det som människor gör, såsom bilkörning, fabriksarbete, boskapsskötsel med mera. Föroreningar förvärras **till följd av** sådana aktiviteter.

Under senare år har tekniker upptäckt metoder för att göra nästan alla mänskliga aktiviteter mer miljövänliga. Till exempel finns numera påsar gjorda av material som kan brytas ned i naturen **istället för** påsar gjorda av plast. I framtiden ökar användningen av elektriska bilar istället för äldre bilar som drivs med fossilt bränsle. Elektriska bilar är kraftfulla och deras prestanda är nästan omöjlig att **särskilja** från bensinbilar. Pengar behövs för att sådana förändringar ska kunna bli verklighet förstås. Staten bör investera i nya teknologier **i enlighet med** de nyaste vetenskapliga upptäckterna. Eller så kan staten ge bidrag till privata företag för att göra samma sak **med avseende på** de lagar och förordningar som staten och regeringen har introducerat för miljöskydd.

Föroreningar kan påverka miljön på olika sätt. Ibland kan det ha en bra effekt; mer koldioxid i atmosfären kan till exempel vara bra för C3-växter eftersom det kan öka hastigheten för deras fotosyntes. C4-växter påverkas dock inte, då mer koldioxid för dem är **obrukbar**. Global uppvärmning (som är ett resultat av växthusgaser i atmosfären) **gynnar** C4-växter

*Till följd av: på grund av.*
*Eng: as a result of*

*Istället för: som alternativ till Eng: instead of*

*Att särskilja: Att separera Eng: to be indistinguishable from*

*I enlighet med: Enligt. Eng: in accordance with*

*Med avseende på: rörande Eng: with respect to*

*Obrukbar: Oanvändbar. Eng: Unusable*

*Att gynna ...*
*framför/över: att ge fördel för ... Eng: It favors... over*

**framför** andra växter, eftersom de gillar varmt klimat: de hittar man ofta runt ekvatorn. Men det skulle vara dåligt för barrträd och andra C3-växter, som gillar kallt klimat.

Vattenföroreningarna är också skadliga men fungerar på ett annorlunda sätt. Man vet att när vattnet är smutsigt dör fiskarna ut. Men varför är det så? Ibland **har det ingenting att göra med** skadliga organismer eller ämnen som skadar livet i hav och sjöar. När för mycket matavfall och andra biologiska material hamnar i havet blir det näring för bakterier som sedan förökas i stor skala. Även maskar och skaldjur älskar matavfall från människor: de äter mycket och därför **blomstrar** också deras antal. Detta i sin tur betyder att de använder upp syret i vattnet och därför **frigörs** inte tillräckligt mycket syre för fiskarna att andas. Så när man ser döda fiskar i vattnet kan detta **vara tecken på** övergödning, en term som betyder att för mycket näringsämnen finns i vattnet.

Miljön kan tyvärr **drabbas av** föroreningar på andra sätt. Förutom att förena luft och vatten, kan många ämnen även förorena jord. Ibland kan man tro att alla ämnen antingen absorberas av växter eller sköljs bort med vatten, men vissa ämnen försvinner inte så lätt. Förr i tiden trodde man till exempel att farliga ämnen från de gamla fabrikerna i Storbritannien och

Tyskland kunde absorberas av växter eller bakterier. Därför byggde man fabrikerna så att de blev **omgärdade av** växter och träd. Man trodde att på så sätt skulle dåliga ämnen absorberas av växter utan att göra en **märkbar** skillnad i miljön. Problemet var att när fabrikerna byggdes under 1850-talet, var den industriella revolutionen redan **på gång** och växte sig stark. Många nya tekniker upptäcktes och nya produkter introducerades i folks liv. Marknaden krävde därför en stor produktion för att möta efterfrågan på de nya produkterna. Produktionen var intensiv med följd att mycket avfall släpptes ut i naturen.

Vad som sedan hände tror jag inte någon kunde förutse. I de avfall som släpptes ut fanns en stor mängd oljor som innehöll **i huvudsak** bly, kvicksilver, kadmium och andra tungmetaller. Dessa ämnen har tyvärr ett antal farliga egenskaper. De kan binda sig till växternas rötter, men fastnar där eftersom växterna inte kan absorbera dem. Och tyvärr kunde växterna då inte heller absorbera vatten eller andra nödvändiga näringsämnen, eftersom de inte kunde **nå in** i växtens kanaler. Bara bakterier kan **omvandla** vissa av dessa ämnen.

Resultatet blev att växterna dog.

Man **lade märke till** problemet ganska snabbt, men

det tog många år innan myndigheter kunde **ta reda på** exakt vad som hände med växterna runt fabrikerna. Störningen i miljön var tyvärr redan omfattande. Men eftersom ekonomin måste fortsätta framåt, kräver marknaden med andra ord att produktionen inte stagnerar. Lösningen blev därför att undersöka vad som händer genom biologiska experiment.

Nya sätt att skydda miljön arbetas fram hela tiden. Man försöker alltid hitta nya, billigare och bättre metoder för att lösa problemet. Men nu dyker ett nytt problem upp. Produktionen av nya produkter och material stiger **i takt med** marknadens efterfrågan. Hur man ska ta hand om avfall från produktionen är fortfarande ett problem som måste lösas. En tänkbar lösning kan till exempel vara brytningen av nya material, **i syfte att** tillverka bättre och starkare mobiltelefoner.

Man kan dock fråga sig såhär: Om det inte finns perfekta metoder att skydda miljön eller filtrera avfall som släpps ut i naturen, är det då rätt (eller klokt) att fortsätta med produktionen för **att tillfredsställa** efterfrågan på nya produkter? Eller ska man bromsa produktionen en aning så att mängden avfall som släpps ut blir lagom **i förhållande till** hur mycket man kan ta om hand om för att undvika framtida problem?

Kan man verkligen inte vänta lite längre på en ny iPhone så att vi kan hantera avfallsmängderna? Kan vi inte förlita oss på grön energi och **lägga** kärnkraft **på is** tills vi har hittat säkra metoder för att hantera kärnavfall? Eller ska vi fortsätta med produktionen av produkter, och därmed avfall, **oavsett** konsekvenserna för miljön? Kan metoderna vi redan har och använder bli tillräckligt bra för att skydda miljön? Vad tycker du: Vad ska vi fokusera på just nu?

Debatten kring dessa frågor är intensiv och kommer att pågå under lång tid. Personligen tror jag att det som är viktigast är att försöka tillfredsställa folks behov av produkter och tjänster, men att samtidigt inte glömma att **ta med i beräkningen** vad detta innebär för miljön och naturen. Annars är vi människor **lättsinniga**, som handlar utan att tänka på följderna, och kommer lämna en sjuk och svag miljö till nästa generation!

*Att lägga något på is:* Att skjuta upp på något Eng: to put something on ice

*Oavsett:* Oberoende av. Eng: Regardless

*Att ta med i beräkningen:* att ta hänsyn till. Eng: to take into account

*Lättsinnig:* oseriös Eng: Frivolous, irresponsible

# Sveriges natur

Jag tror att alla som bor i stan och nästan aldrig åker ut på landet missar en viktig del av sin mänskliga natur. Jag förstår att man kan ha för mycket att göra. Det kan vara svårt, i synnerhet om ens liv är helt **etablerat** i stan, men det är viktigt att komma i kontakt med naturen, **varpå** vår evolution kan **spåras tillbaka** tusentals år.

Under den första månaden efter att ha kommit till Sverige, hittade jag en bok om Sveriges natur. Jag var intresserad av att se skillnader mellan den svenska och grekiska naturen. Innan jag läste boken **föreställde jag mig** att ländernas natur inte skulle skilja sig åt så mycket, eftersom båda ligger i Europa och inte ligger alltför långt borta från varandra.

Jag hade fel. Redan i första kapitlet informerar författaren oss att "50 procent av Sverige är täckt av skog". Okej, det visste jag inte! Merparten av skogen **är belägen** norr om Stockholm, i norra Sverige. Majoriteten av befolkningen bor rent geografiskt i Stockholm och söderut eftersom det är där flest stora städer ligger. Det är lite synd då **det vore** kul att ha mer skog där folk bor. Men fördelen med det är ändå

*Etablerat: Fastställt. Eng: Established*

*Varpå: på vilken Eng: Whereupon*

*Att spåras tillbaka: att gå tillbaka i historien Eng: To trace back*

*Att föreställa sig: att tänka sig Eng: to imagine*

*Vara belägen: att ligga någonstans Eng: to be located*

*Det vore: Det skulle vara. Eng: It would be*

att man kan **ge sig av** från staden och åka ut på landet, lite som en "flykt" från stadsmiljön.



När jag läste geografi i gymnasiet beskrev böckerna Grekland som en *chaparral*. Det är ett latinskt ord för ett torrt klimat med varmt väder. Vegetationen består av få träd, men många buskar och blommor, och inte mycket gräs. De skandinaviska länderna beskrivs istället som *tempererade gräsmarker*. Termen innebär ett fuktigt klimat med mycket träd och gräs. Däremot finns inte frukter eller örter som behöver stark sol, såsom vindruvor och apelsiner. Upptäckten är alltså att dessa två olika klimattyper är ganska olika, men **av samma skäl** blir det också intressant att läsa om dem.



Varför är det så viktigt att besöka naturen då? Det är en fråga som alla har ett eget svar på, tror jag. Varje gång jag besöker naturen känner jag att jag har hittat en länk i en kedja mellan mig och miljön som annars fattas i vardagen. **Det känns som** om en gammal instinkt **tar sig uttryck** och får mig att må bättre **på mindre än** en minut. Att få promenera över gräs, att lyssna på fågelkvitter eller bara vila sig någonstans hjälper mig mycket med att bli av med stress. Det jag gillar mest med att åka ut på landet är att jag då får en chans att **släppa** jobbet och livets stress, även om det bara är en timme.

Jag har börjat besöka parker och naturreservat ofta bara för att få vila och ta en fika vid en sjö eller i skogen. Nu tycker jag det är **nästintill** omöjligt att inte fortsätta med det eftersom det får mig att må så bra. Jag tror att alla skulle må bra om de skulle tillbringa lite mer tid i naturen.

Men hur ska man då hitta ett sätt att få mer tid i naturen? Ett sätt kan vara att ha hobbyer eller intressen som bara kan utövas ute i naturen och inte **på andra håll**, till exempel simma i en sjö, fotografera fåglar, klättra i berg eller uppför en kulle. Även om man har en hobby som kan utövas i stan så kan man se till så att man träffar vänner som har liknande intressen och umgås med varandra i naturen hellre än i stan. Då kan man **hålla i minnet** att alla har **en sorts** "skyldighet" mot varandra att bara utöva hobbyn i naturen.

I Sverige finns något som kallas för *allemansrätten*. Denna rätt innebär att alla har rätt att njuta av friluftsliv och röra sig fritt i naturen. Vissa saker får man dock tänka på, till exempel att inte röra sig nära hus där det bor människor. Det är också förbjudet att bryta grenar och kvistar på träd och buskar. Man får inte heller plocka eller skada fridlysta växter, ofta blommor. Det är mycket som är tillåtet, som att plocka bär eller svamp. Denna rätt **möjliggör** för alla

*Nästintill:* Nästan. Eng: *Almost*

*På andra håll:* någon annanstans. Eng: *Elsewhere*

*Att hålla i minnet:* att komma ihåg. Eng: to keep in mind

*En sorts:* Ett slags, typ. Eng: A kind of

*Att möjliggöra:* att göra något tänkbar Eng: to make possible att besöka och njuta av naturen, självklart **så länge** man tar hänsyn och inte förstör miljön.

Många platser i Sverige imponerar med sina höga fjäll och stora skogar. Men för att upptäcka naturen behövde jag en speciell bok för att **upplysa mig om** det jag hittar i naturen. Det finns tiotals olika trädarter, **varav** asp, björk, alm, ek, tall och förstås gran kanske är de vanligaste träden. De är alla höga träd, utan behov av många näringsämnen vilket betyder att de inte konkurrerar med varandra. Detta leder till att många träd kan leva i närheten av varandra. Sveriges blommor är vackra **på det viset att** det finns en stor variation av dem. Liljekonvalj, hundkäx, prästkrage och rödklöver är bara några av många arter. Och om man tittar på blommor, kan man nästan alltid se insekter som besöker dem. Nyckelpigor, bin, humlor, gräshoppor finns överallt och jag är säker på att du **känner igen** de flesta av dem så fort du ser dem. Men **var rädd om dig** för det finns saker i naturen man måste vara försiktig med. Fästingen är en liten insekt som ser ofarlig ut, men kan vara bärare av ett virus som är farligt för människor, TBE. Men lyckligtvis finns det ett vaccin mot TBE. Så njut av naturen, men var också lite försiktig.

Det är såklart mycket skönare att besöka naturen under våren och sommaren, då vädret är varmare än

*Så länge: medan Eng: As long as*

*Att upplysa sig om: Att få information om Eng: to enlighten me*

*Varav: Ett antal från ett större antal. Eng: Of which*

*På det viset att: På ett specifikt sätt. Eng: In the way that*

*Att känna igen: Att identifiera. Eng: to recognise*

*Att vara rädd om sig: att vara försiktig. Eng: to be careful*

på hösten och vintern. Solen får blommorna att snabbare blomstra och dagen varar längre.

# Kompissnack

**Del 1**

Jonas och Erik är kompisar och sitter på ett kafé. De pratar om semestern och om deras gemensamma kompis Alex, som söker jobb.

J: Tjäna Erik, **hur är läget**?

E: Bra Jonas, och du? Är du tillbaka från semestern, eller?

J: Ja, tyvärr (skrattar). Nu är det dags för att försöka komma tillbaka till rutinen.

E: Åh, jag vet precis vad du menar. Den känslan kommer varje gång jag är tillbaka från semestern, haha. Har du fått vila upp dig, eller?

J: Jodå. Fick chansen att släppa jobbet helt. Var i Östersund och åkte skidor för första gången, har du varit där?

E: Ja, det är fint där. **Hur gick det med** skidorna?

J: Helt okej, trots att jag ramlade fler gånger än tänkt. Förra året åkte vi utomlands, så i år bestämde vi oss för att åka skidor. Det är ganska svårt, men jag tror det tar sig till slut.

E: Säkert. Vintersport är inget för mig... varje gång folk frågar mig om jag ska följa med på skidsemester så säger jag "Hmm, tack men **jag står över**", haha.

J: Jo, det vill jag också säga ibland men jag vill inte att de **tar upp illa**. Plus att om gänget gillar en sport men inte jag, så känns det som att **jag är till besvär**. Och det vill jag ju inte.

E: Nä, men dina kompisar skulle inte tänka så. Och vet du vad, för två dagar sedan **sprang jag på** Alex. Jag trodde att han hade flyttat till Göteborg men han bor fortfarande kvar här i Stockholm.

J: **Säger du det?** Kanske ska jag ringa honom i helgen. Så hans företag kommer inte att expandera till Göteborg? Det finns ju säkert behov av packmaterial i en sådan stor stad.

E: Jo, men han bestämde till slut att det vore bättre för honom att stanna här och ta över Solnas avdelning. **Under tiden** kanske han kan ha kontakt med Göteborg tills de växt till sig lite.

J: Aha, jag förstår. Men jag trodde att han och några kollegor på Stockholmsavdelningen **inte drog jämnt,** eller hur var det? Jag trodde att det var orsaken till att han skulle flytta.

E: Nej, det stämmer inte. Ett stort projekt var redan **i drift** i Göteborg och han ville vara med på det.

**Att stå över något:** *att hoppa över, att inte följa med Eng: to pass on something*

**Att ta illa upp:** *att bli förargad Eng: to take offense*

**Att vara till besvär:** *att inte kunna följa med resten i en aktivitet eller annat. Eng: to be a burden*

**Att springa på:** *att träffa på någon plötsligt. Eng: to run into*

**Säger du det?:** *Är det sant? Eng: You don't say?*

**Under tiden:** *Medan något händer Eng: In the meantime*

**Att inte dra jämnt:** *att inte komma överens Eng: to not get along*

**I drift:** *på gång. Eng: Up and running*

Kanske har någon spridit rykten.

J: Jaha. Vet du om de har behov av folk att anställa?

E: Jag vet inte, men kanske. Deras företag växer ju snabbt. Varför frågar du, **vad har du på hjärtat?**

J: Jag har en kompis som har erfarenhet inom logistik och letar efter jobb. Så skulle bara kolla om det finns någon chans för honom att få en intervju. Har du hört något?

E: Nej, men även om det inte finns lediga jobb hos företaget, kan han alltid höra av sig till dem. **Det är värt ett besök.**

J: Kul, då ska jag berätta det för honom.

E: Har han kollat med några bemanningsföretag? Det finns alltid behov av nya medarbetare i logistikbranschen.

J: Jo men de erbjuder bara timanställningar. Han letar efter något som kan leda till en fast anställning i framtiden. **I dagsläget** jobbar han som timanställd.

E: Jag förstår. Hmm, **då ska vi se**… Kanske vore det bra att ansöka hos företag direkt även om de inte har lediga tjänster. Ibland uppskattas det.

J: Hur menar du? Hur kan man anställa någon utan att ha en ledig tjänst? Det låter **meningslöst.**

E: Man visar att man är intresserad av ett specifikt företag och uppfattas då som någon som vill jobba. När de sedan eventuellt får en ledig tjänst, då kanske de ringer honom.

J: Aha, du menar så. Kanske skulle det funka, men han **har** lite för **bråttom** för att få jobb. Han vill hitta något så fort som möjligt.

E: Jag förstår. Tyvärr är det numera inte **lätt som en plätt** att hitta ett jobb. Arbetslösheten har ökat under de senaste åren. Men lager/logistik har  alltid varit i behov av folk. **Utifrån det** skulle jag gissa att det alltid finns någon som letar efter en driven person.

J: Ja, det tror jag också. **På tal om** lager, logistik och frakt, har du hört något om "Celia's frukt"? De etablerade sig för fem år sedan och verkar ha varit framgångsrika. De verkar finnas på flera platser runt om i Stockholm.

E: Jo, men tyvärr **gick** de **i konkurs**. Jag är inte säker på varför. Nu är Jonas, ägaren, **återigen** tillbaka på det senaste fraktbolaget han arbetade på för några år sedan.

J: Åh, det var tråkigt att höra. Men har Jonas en utbildning som lastbils- eller truckförare? Eller som lagerarbetare? Jag trodde att han bara jobbade med mat och frukt.

E: Han har truckkort A och B, och körkort C med. Om man har det så blir det lättare att **växla mellan** lager och förare. Så ingen speciell utbildning, bara det som behövs för att få de relevanta tillstånden.

J: Jaha, men då ska jag föreslå det för Alex. Att det är en bra idé för honom att göra, för han har inte körkort C. Eller **inte vad jag vet**, ska jag säga. Jag ska fråga honom.

E: Ja, **för all del** gör det! Har du funderat på att i framtiden göra något liknande? De jobben är ju välbetalda.

J: Jo, det har jag gjort men jag **är kass på** det... Jag har en dålig känsla för orientering.

E: **Än sen**? Numera använder man GPS på bilen. Även de som är mest erfarna gör så.

J: Du har rätt men ibland kan GPS:en förlora signalen... att köra bil hela dagen är inte heller något för mig. Jag hade problem med leveranserna senast det hände. De skulle behöva lita på mig **inför** säsongen och jag skulle inte kunna **tillgodose** deras behov.

E: Men det är bra att känna till sina begränsningar i alla fall. Inte bara för din skull utan också för arbetsgivaren. Annars skulle du kanske **ha gjort bort**

**dig.**

J: Exakt, så tänkte jag också och **kom fram till** att inte fortsätta. Kanske skulle jag kunna köra lastbil och sköta mina leveranser men jag tror inte att **det skulle vara värt besväret**.

E: Ursäkta, någon ringer mig. Kan du vänta? Jag kommer tillbaka **på nolltid**.

J: Ja, absolut.

-----------------------------------------------------------

E: Jag pratade precis med Frida ... visste du att hon jobbade i Systembolagets stora varudepå i Brunna för några år sedan? Vilket **sammanträffande**, haha.

J: Men! **Driver du med mig?** Det visste jag inte. Jag trodde att hon alltid hade jobbat som advokat. Visst är hon utbildad jurist?

E: Jo, men kanske jobbade hon där för att få ihop pengar till sina studier. Hon sa i alla fall att det är viktigt att ha erfarenhet med truck, men man lär sig snabbt. Man får köra försiktigt i början. Det är ju inte direkt raketvetenskap.

J: Såklart, Alex är ju både försiktig och pålitlig. **Vet du vad?** Jag ska hitta några länkar på nätet om hur man får truckkort och körkort C. Jag kan skicka dem till Alex. Ska be honom att **kasta ett getöga på dem**.

*ett beslut Eng: To decide*

***Något är inte värt besväret:*** *det lönar sig inte att göra något Eng: to not be worth the effort*

***på nolltid:*** *genast, snabbt. Eng: in no time*

***Ett sammanträffande:*** *tillfällighet, något händer av en slump Eng: a coincidence*

***Driver du med mig?:*** *skojar du med mig? Eng: Are you kidding me?*

***Vet du vad?:*** *Uttryck man säger för att få någons uppmärksamhet. Eng: You know what?*

***Att kasta ett getöga på:*** *Att titta på något snabbt. Eng: to glance at something*

Kanske blir han intresserad.

E: Bra ide. Det kommer nog gå bra, och han hittar säkert ett lagerjobb snabbt. Med truckkort kommer han ha något som gör att han sticker ut från mängden. Hoppas **det ordnar sig**, Alex förtjänar ett bra jobb. Oj, titta på klockan… jag måste dra nu. Jag lovade Nathalie att träffa henne på stan. Men vi hörs under helgen. Ha det så bra!

J: Men vänta, vi har ju inte tagit en "selfie" än, haha.

E: Oj, har vi inte? Okej då, **säg omelett**! (tar foto)

J: Nu måste jag springa. Hörs senare!

E: Det gör vi! Ha det så trevligt på stan.

**Del 2**

Ett telefonsamtal mellan Kristina och Anna.

K: Hej Anna, läget?

A: Hej Kristina! Jag tänkte precis ringa dig, haha.

K: Jaså, **är det sant**? Vilket sammanträffande, hehe. Har du haft en bra dag?

A: Jodå, helt okej. Träffade Yvonne på en fika och snackade om hennes nya uppgifter på jobbet. Hon lät inte alls glad…

K: Vadårå? Det var ju hon som ville ha ansvar för

*Att ordna sig: att lösa sig (om ett problem). Eng: to work out*

*Säg omelett!: uttryck man säger när man tar en bild och vill att alla i bilden ska le. Eng: Say cheese!*

*Är det sant?: Uttryck av förvåning Eng: Seriously? Really?*

*på egen hand: helt själv,*

hela avdelningen **på egen hand**.

A: **Eller hur!** Jag vet, men visste inte att det skulle påverka hennes mående så mycket.

K: Hur menar du?

A: Jag försökte förklara för henne att **det lär sluta illa**. Jag ville bara vara en bra kompis och säga vad jag tycker, men hon tog illa upp och blev irriterad. Och sedan hon började jobba ensam **beter hon sig** väldigt omoget och barnsligt. Och väldigt lättretad...

K: Jaha, konstigt. Hon har aldrig varit en person som är lättirriterad eller **hyser agg**.

A: Inte jag heller. Men det verkar vara ett **sanningens ögonblick** för henne. Hoppas det får henne att fatta att man inte kan göra allt, oavsett hur mycket man vill.

K: Men okej. Jag tror att det kommer att ordna sig, och kanske är det bara svårt nu i början. **Strunta i henne** om hon är en riktig gnällspik. Kanske är det här jobbet för stressigt för henne, och hon borde fundera på om det skulle vara bättre för henne att få tillbaka sin gamla roll. Kanske kommer hon inse att hon **gjort en tabbe**.

A: Jo, och det påverkar ju inte mig egentligen. **Vatten på en gås**. Jag hoppas bara att hon hittar ett sätt att fixa allt.

K: Men **strunt samma**. Vi får se hur det går för henne. Jag ville bara **lätta mitt hjärta** och prata lite om det. Nu kan vi byta ämne, haha. Har du sett den nya Marvel-filmen? Vi tänkte se den på lördag.

A: Jag läste några recensioner, den verkar ha **floppat** i USA... så jag vet inte om jag är så sugen på att se den.

K: Menar du allvar? Oj, det visste jag inte, haha. Men alla på jobbet säger att den var bra, det är bara jag som inte har sett den **än**. Varför gillar folk den inte då?

A: Hmm, kanske på grund av att huvudkaraktären inte är som i boken. Den är mycket svagare i filmen. Men jag har inte läst mycket om det, har du?

K: Nej, allt jag vet om den här karaktären kommer från min pojkvän, som älskar boken. Han sa också att filmen och boken **skiljer sig åt,** men jag tror ändå att den kan vara underhållande att se.

A: Ja, håller med. Kanske är den lite kul. Okej, **vi kör på det**! Jag hänger på lördag.

K: Yeyyyy! Superkul. Har du pratat med Emelie? Hon gillar ju Marvel. Kan du messa henne? Hon svarar säkert inte direkt, hon jobbar fram till 18.

A: Det ska jag göra. Fint, kanske kan jag få skippa dieten på lördag… Är sugen på nachos, kanske med någon läsk, haha. Det var ett tag sedan jag åt snabbmat sist.

K: Va? Försöker du **gå ner i vikt**? Men varför, du är väl i form.

A: Nja, jag skulle tappa ett par kilo. Hela processen känns bra annars, att gå på gym, äta sunt och så vidare…

K: Men jag tycker att du **åldras väl**. Du behöver inte tänka på vad du äter, men det är bara min åsikt. Jag är **hopplös på** att försöka äta sunt, haha. Precis som Malin är hopplös med pengar.

A: Japp, det är hon verkligen! Men jag har gått upp lite i vikt på sistone… och **kan inte sätta fingret på** varför. Kanske motionerar jag inte tillräckligt eller så har jag för dåliga matvanor.

K: Men sluta! Du behöver inte göra något extremt för att hålla din kropp i form. Jag däremot måste **kämpa med näbbar och klor** för att gå ner i vikt!

A: Synd att det inte finns några "magiska piller" man kan ta för att snabbt gå ner i vikt. Jag har pratat med min dietist många gånger om detta. Att gå ner i vikt är en process som kräver att man tar **ett steg i taget.** Det är anledningen till att många som har gjort en

*Att gå ner i vikt: Att tappa vikt Eng: To lose weight*

*Att åldras väl: det att man ser ung ut för sin ålder Eng: to age well*

*Att vara hopplös på något: att vara jättedålig på något Eng: to be really bad at something*

*Att inte kunna sätta fingret på något: att inte veta varför något händer. Eng: to not be able to put one's finger on it*

*Att kämpa med näbbar och klor: att försöka extremt hårt för att nå ett mål. Eng: to struggle really hard*

*Ett steg i taget: Gradvis. Eng: Step by step, gradually*

fettsugning inte lyckas hålla en låg vikt eftersom kroppen inte är tränad på att metabolisera mat och energi på ett lagom sätt. Så de brukar gå upp lite i vikt igen. Det sägs att man får tillbaka 10 procent av sin ursprungliga vikt **i genomsnitt**.

K: Jaha, det visste jag inte. Men jag vet att vikt inte bara kan **försvinna i tomma intet**. Det är bara att minska antalet kalorier man äter eller äta mindre kvantiteter av vissa ingredienser, som till exempel socker, vitt mjöl, transfett och gluten.

A: Mindre socker och vitt mjöl?! **Aldrig i livet!** Det vill jag inte göra. Jag ska hitta ett annat sätt att göra det på, träna fler gånger i veckan eller något sånt!

K: Jag fattar … Men bästa sättet är kanske en kombination av nyttig mat, träning och vila. Sedan får man äta snabbmat och glass en eller två gånger i veckan, det är helt okej. Du behöver inte ta saker **till det yttersta**. Då **skonas du från** hälsoproblem också.

A: Exakt. Man får inte träna **ihjäl** sig, det är inte alls bra för musklerna och kroppen.

K: Vet du, Jenny försöker hitta ett bra träningsschema för lilla Emil som måste gå ner lite i vikt. Han har haft det svårt i skolan med några barn som **gör narr av** honom…

A: **Kära nån!** Men det är inte Emil som måste gå ner i vikt. Det är skolans rektor som måste prata med barnens föräldrar: det borde rektorn **fokusera på**. Att vuxna ibland skojar med varandra om sin vikt det kan jag förstå, men att barn skulle reta varandra tycker jag **går alldeles för långt**.

K: Ja, jag håller med om det. Barn kan vara elaka ibland, det beror på hur de fostras. Och jag tror det var ännu värre när vi var barn. Det är inte bra men det kanske är en del av deras utveckling. När barn har roligt åt någon kanske det **ligger inom ramen för** att socialisera med varandra, ett sätt att förstå relationer generellt.

A: Hmm, jag förstår vad du säger, men jag är inte 100 procent säker på att jag håller med om det. Barn kommer absolut att skoja med varandra men att man inte får vara elak mot andra är **sunt förnuft** tycker jag. Jag vet inte, kanske har jag fel. Jag skulle i alla fall inte vilja att mina barn skulle gå i en sådan skola.

K: Men jag håller med, det du säger är **vettigt**. Och det är därför vi behöver bättre utbildning för barn också. Tyvärr beror det till stor del på deras föräldrar också. Kanske borde vi ha vuxenutbildning kring detta.

A: Ja, om det fortfarande finns barn som retar varandra för deras vikt **säger det sig självt** att vi borde ha det... men okej. Vi kan byta ämne, hehe. Ska du till den stora bokmarknaden i Gamla Stan på lördag? Den är organiserad av Stockholms Stadsmission. Alla pengar från försäljningen går till mindre bemedlade familjer så det görs för **ett gott ändamål**.

K: Jaha, det låter trevligt! Är det bara nu på lördag?

A: Nej, på söndag också. Det kommer bli bra väder och det kommer att finnas massor av böcker. En bokmals högsta dröm, haha.

K: Kul! Jag **brinner för** böcker. Om jag inte hade blivit jurist, skulle jag ha försökt att bli författare.

A: Är det så? Har du skrivit något?

K: Bara några korta berättelser för barn. Men de publicerades aldrig.

A: **Hur kommer det sig?** Försökte du inte att få kontakt med något bokförlag, eller?

K: Nja, men det är ingenting speciellt. Bara berättelser om några skogsdjur som lever tillsammans och hjälper varandra med sina speciella krafter, till exempel björnen som är stark, apan som är smart, mullvaden som kan gräva...

A: **(Tappar hakan)** Men det låter jättebra och originellt! Jag tror verkligen att du borde ge det ett försök och prata med någon. Jag skulle jättegärna läsa det du skrivit.

K: Åh, du är snäll som säger det. Vet du, kanske ska jag leta fram texten och arbeta på den en gång till. Kanske ett bokförlag skulle **ge mig tummen upp**.

A: Det är jag säker på! Nej, tyvärr måste jag gå nu men kanske vi ses för att gå till bokmarknaden i helgen?

K: Låter fint. Vi hörs imorgon!

## Del 3

Oskar och Tomas är två kompisar som träffas på ett kafé för en pratstund.

O: Tjäna Tomas, läget?

T: Tja, **brorsan**… Allt gott. **Slå dig ner**, kommer du från träningen?

O: Ja, fotboll är så kul. Jag önskar att träningen kunde hålla på längre!

T: Kan du inte prata med dina föräldrar om detta?

O: Jo, men de vill att jag är mer i skolan. Och att jag fokuserar mer på vetenskap, musik och konst, men det är inte för mig.

T: Det låter som om du borde **sätta fart** och diskutera

det med dem. Går det inte att säga hur du känner?

O: Ja, du har kanske rätt. Nästan varje gång vi spelar tror jag att jag ska **sätta rekord**, haha. Jag spelar tills jag är svettig **från topp till tå** och jag tror att min tränare tycker att jag utvecklas i spelet.

T: Men såklart det ska du om du fortsätter göra det du älskar. Det är nyckeln till framgång. Hur går det med de andra i laget?

O: Jo, vi har Henrik som är smal och snabb, han är på riktigt **hal som en ål**. Han kan dribbla och springa samtidigt. Och vi har Olle som har en otrolig känsla för riktning, han sparkar och bollen går nästan alltid **mitt i prick!**

T: Jaså, det låter som att ni har byggt upp ett bra team. Jättebra att ni har en sådan **mångfald** av spelare. Men ni måste jobba på den defensiva delen också, har ni någon bra målvakt?

O: Tyvärr **har vi** lite **ont om** detta. Vi är på jakt efter en bra målvakt. Andra lag har utvecklats mycket under de senaste åren och vissa har blivit motståndare att räkna med. Speciellt är Danderyds lag jättestarkt.

T: Ja, det är ett team man måste **se upp för**. De har ingen svaghet, **varken** i anfall **eller** i försvar. Men det låter som att ni inte är långt ifrån chansen att vinna ligan.

O: Jag vet inte. Jag tror vi behöver träna mer innan vi spelar mot dem. Men okej. Tränar du någon sport?

T: Nej, jag föredrar att träna på gym. Det är lugnare och jag gillar att fixa mitt eget träningsschema.

O: Det är bra. Hoppas du inte använder kosttillskott?

T: Jo, det gör jag eller hur menar du?

O: Är de inte olagliga och dåliga för kroppen?

T: Hm, du kanske **förväxlar** dem **med** steroider. De är definitivt olagliga och jag har aldrig tagit sådana. De kan vara farliga **i det långa loppet**, det håller jag med om. Men kosttillskott är som en måltidsersättning, de är inte farliga alls och kan vara bra för en idrottsman.

O: Jaha, jag hade fel, nu förstår jag hur du menar. **Apropå** kosttillskott, jag är intresserad av att lära mig mer om det. Det finns ju **ett brett urval** men det beror på vad en har för behov, verkar det som. Till exempel hjälper magnesium med proteinsyntes för dem som lyfter vikt. Andra innehåller koffein som kan hjälpa dem som tränar mer kondition. Olika produkter är bra på olika sätt. Vi kan gå och kolla på kosttillskott nu om du vill.

T: Jo, men **jag är pank** tyvärr, haha.

O: Jaha, ok. Men jag kan prata med min tränare i morgon så kanske han kan föreslå något bra för dig som möter dina behov.

T: Jo, men **ingen brådska**, tack ändå. Jag bara undrade om det finns något som skulle kunna hjälpa mig med min atletiska prestation. Jag vill **jämna ut** några svagheter jag har. Förra veckan kände jag mig jättetrött och tränaren sa att jag **hade brist** på elektrolyter. Han sa att det kan vara farligt och hjälpte mig. **Det var nära ögat!**

O: Ja, jag vet. Brist på elektrolyter **kan leda till** att musklerna och nerverna inte matas som de borde och musklerna börjar få spasmer. Och det kan leda till att man sväljer sin egen tunga. Så ja, du **var** en **hårsmån från** ett allvarligt problem…

T: Oj, det visste jag inte. Men det är orsaken till att jag vill lära mig mer om dessa produkter, så att jag kan undvika sådana problem i framtiden. **I vanliga fall** har jag inga problem, men det gjorde mig orolig.

O: Ja, jag förstår det. Cyklar du till träningen? Det brukar jag göra trots att det kan ta 20 minuter att cykla dit.

T: Det brukade jag också göra men någon har **snott** min cykel! Kan du fatta det? Den var ju inte ens dyr

…

O: Oj, vad synd! Stod den ute någonstans?

T: Mhm, där gjorde jag kanske fel. Jag borde ha haft den inomhus.

O: Var hade du köpt den? Jag skulle vilja köpa en ny cykel.

T: På Cykelspecialisten, har du varit dit? Jag kan visa dig om du vill. Om du visar mig en bra måltidsersättning så **är vi kvitt,** okej?

O: Visst!

T: **Förresten,** har du kollat på den nya EVO? Den kommer till Stockholm nästa månad!

O: Är det turneringen med spelare från hela världen som spelar Street Fighter?

T: Ja, precis!

O: Coolt, hade ingen aning att den fortfarande håller på, och i olika länder också. Har den verkligen blivit så poppis i videospelsvärlden?

T: Man skulle **helt enkelt** kunna säga att det är en samling av de bästa spelare i hela världen och en av viktigaste turneringarna för videospelsälskare.

O: Vet du vem som skulle älska att gå på den? Kristian. Han är galen i videospel. Det skulle vara en dröm som **blir verklighet** för honom.

T: Jag har redan pratat med honom, och han är på. Vill du **hänga på?**

O: Ja, det låter kul. **Hör av dig** när det blir dags att åka dit.

T: Grymt! Då blir det vi tre. Vet du vad, jag **måste sticka nu** men vi hörs.

O: Ja, **jag måste också dra**, ska vara hemma till åtta. Min lillebror kommer då så att vi kan laga middag. Vi hörs!



# Vad är högt uppe på listan?

När började du fundera över hur du ska prioritera de viktigaste sakerna i ditt liv? Min **vändpunkt** måste ha varit när jag var ungefär 15 år gammal. Det var då som jag började med lektioner i skolan som var **förknippade med** vad man kan arbeta med efter skolan. Det var en sorts yrkesvägledning, med föreläsningar som kunde hjälpa en upptäcka vad man är bäst på, och välja det mest passande yrket.

Lektionerna var en aning oorganiserade och fokuserade bara på vissa ämnen: vetenskap, konst, sport, musik och historia. Tyvärr hade vi inte ämnen som till exempel relaterade till mänskligt **beteende**, så att man kunde studera psykologi. Trots det var det i alla fall en jättebra upplevelse. Det var den första kontakten med hur vuxenvärlden fungerar. **Utöver det** var det en lektion i hur vi själva kommer att tänka och fungera i framtiden för att bli produktiva medborgare.

När man är barn kan man inte **förutspå** vad ens yrke kommer att vara i framtiden. Man blir introducerad till många idéer och yrken, och det kan vara förvirrande för en att välja det **lämpligaste** jobbet. Men det var i alla fall bra redan i skolan att börja diskutera detta. Genom att diskutera ens talanger kan man upptäcka vad man är bra på. Till exempel om ett barn kan lösa ekvationer mycket snabbare än andra barn kan detta **tyda på** en bättre chans att bli matematiker eller ingenjör i framtiden. Samtidigt kände vi oss tvungna att börja läsa mer om våra potentiella möjligheter eftersom skolan skulle **ta slut** om två år senare! Många pojkar var visserligen tvungna att göra lumpen efter skolan men efter det **bör** man ta sin karriär på allvar. Så att börja diskutera karriärmöjligheter runt 16 år var **ändå en bra**

**tajming.**

I Grekland är det obligatoriskt att gå tre år i gymnasiet. Efter det fortsätter man antingen till lyceum eller börjar jobba. Det går att jobba först ett par år innan lyceum. De flesta föredrar dock att fortsätta direkt till lyceum för att få chansen att senare studera vid universitet, oavsett om man lyckas med antagningsprovet till högre studier. Under provet har man möjlighet att välja mellan olika institutioner vid olika universitet beroende på vad man tror att man skulle vara bäst på.

**Oavsett** om man fortsätter till universitetet för att lära sig specialkunskaper eller går direkt till ett yrke, är det bra att vara med på dessa lektioner eftersom man lär sig lite mer om hur arbetsmarknaden fungerar och även om hur man skaffar jobb. Det är anledningen till att det är bra att **närvara** på dessa lektioner där arbetsmöjligheter diskuteras. Det kan vara **diskutabelt** vilka kvalifikationer som värderas för att lyckas bli anställd, men det är bra att lära sig vissa grundläggande saker om detta för att förbättra sina chanser. Att bli anställd kan numera vara en **utmaning** och **oerhört** svårt så kanske är det en bra idé att få chansen att lära sig så mycket man kan i tidig ålder om arbetsmarknaden.

Men tillbaka till listan med ens viktigaste saker! Efter

att man har valt ett yrke eller inriktning på universitet kommer en period som för många är **känd som** en period av stora förändringar. Då måste man ta viktiga beslut som påverkar ens liv och det är inte ovanligt att man får lite panik: nu är det dags för en att ta riktiga och **medvetna** beslut.

Så vad finns högt uppe på listan? Det var svårt att veta det när jag bara var 15 år. Hittills har det varit mina föräldrar som har försörjt mig och tagit de viktigaste besluten åt mig. Jag är inte säker på hur jag ens ska börja med listan. Och jag är inte säker på att jag kan **förlita mig på** mina föräldrar att komma överens med varandra. De som inte kunde komma överens om vad som skulle vara bäst för mig eller min syster att plugga på universitetet, vad vi skulle göra med familjens budget, och så vidare. Det gjorde mig orolig. Jag visste inte hur svårt det skulle vara för mig att ha en egen familj. Min pappa försökte lugna mig och sa: "Oroa dig inte, **det kommer med tiden**". Så småningom förstod jag att den som bäst vet vilka de viktigaste sakerna för mig var (och **förblir**) jag.

Den första saken jag tänkte på var, **utan tvekan**, att hitta ett bra jobb så att jag har en stabil och stadig inkomst. Med ett sådant jobb skulle jag ha lyxen att göra vad som helst. Sedan tänkte jag att det är viktigt att ha ett hem, och kanske till och med en bil. Men när jag **bearbetade** denna tanke fattade jag att det skulle ta mycket tid och energi. Man måste ha tid för att vila och ägna tid åt andra aktiviteter också, eller? Är det inte lika viktigt att ta det lugnt ibland och ägna tid åt hobbyer och träning. Eller, **rättare sagt**, åt vad som helst som gör en glad och hjälper till med att ta bort stress från vardagen? Självklart. Då kom nästa tanke, att hitta ett sätt att balansera dessa två delar av livet. Det låter enkelt men det är **lättare sagt än gjort**!

Nästa plats på listan var inte lika lätt att bestämma. Pengar och hälsa är grundläggande och centralt, och har en självklar plats högt upp på listan över viktiga saker i livet. Men andra grejer är inte så lätt att värdera som viktiga. I synnerhet när man tänker på att många saker i livet kommer förändras eftersom ens hem och arbete **troligtvis** inte är konstanta genom åren. Jag planerade att **inte** lämna mina föräldrars hus **förrän** jag blev 18 eller 19 år gammal, men det kommer bli något att fundera på inom kort.

Efter att ha flyttat hemifrån, pluggade jag på universitetet. Jag bodde i ett hus tillsammans med andra människor och lärde mig att ta hand om ett hushåll: tvätta kläder, laga mat, hålla huset städat och rent. När jag bodde med mina föräldrar kunde jag inte fatta hur det skulle vara att göra allt på egen hand. Jag och mina föräldrar pratade dock om hur viktigt det är för en att ta eget ansvar. Det ledde till beslutet att plugga långt ifrån mina föräldrar. Jag hade möjligheten att plugga nära dem, men **tack och lov** bestämde jag mig för att inte göra det.



Att flytta hemifrån och ta hand om mig lärde mig fler saker som hamnade på min lista. Som att bestämma när jag ska studera, städa, och så vidare, och att **fastställa** hur mycket tid jag ska ägna mig åt varje sak. När jag först började plugga ville jag bara ta det lugnt, vila och festa med kompisar. Jag kunde inte greppa konceptet att ta eget ansvar, eftersom det alltid fanns någon som hjälpte mig, och det var mina föräldrar. Och det funkade mycket bra, till en början. Men efter en tid så lärde jag mig ta eget ansvar, och det **stärkte** min förmåga att ta hand om mig, och att hitta lösningar på mina problem. Och det visade sig värdefullt senare när jag började leta efter jobb.





Varje fas i livet har sina egna utmaningar. När man pluggar lär man sig hur man organiserar ett hushåll och blir **ordningsam**. Man tjänar dock inte pengar eftersom man inte hinner jobba heltid. Så efter studierna kommer kanske den tuffaste perioden i ens liv, att både jobba och ta hand om ett hem samtidigt. Förhoppningsvis har man lärt sig att vara **ansvarsfull** och **noggrann** med alla måsten man som vuxen har i livet. Ibland kan man bli tvungen att ta ett beslut som både kostar i fråga om tid och pengar, och man måste välja det bättre alternativet. Det kan hända att man stöter på en person som inte vill en väl, en slags **bedragare** (på jobbet eller någon annanstans) som försöker föra en bakom ljuset. Men viktigast är kanske att använda de förmågor man har fått under livet så att man kan leva livet till fullo, och samtidigt vara en värdefull del av samhället. Ju mer kunskap man får desto bättre blir det för en och ens omgivning.

De flesta är av åsikten att när man bildar familj så är det viktigaste att hitta olika sätt att spara pengar, i synnerhet **vid ankomsten av** ett barn. **För att inte nämna** ett andra eller tredje barn! Då borde man placera sin familj högst upp på listan. Nu, **i motsats** till någon som inte har barn, måste man offra tid och pengar på sina barns välmående. Och trots att det känns bra att göra det kan det innebära att man inte har lika mycket tid över för att umgås med vänner, träna eller fika. Men nu har sakerna blivit mycket tydligare i ens lista. Första prioritet är dem vi älskar men som samtidigt inte kan försörja sig själva ännu. Sedan kan vi försöka hitta ett sätt att få tid till att göra det som vi gillar under vår fritid.

**Sammanfattningsvis** borde jag säga att vid olika

faser i ens liv har man olika mål man vill nå. Det innebär också att man **blir motiverad av** olika grejer vid olika tidpunkter. Var och en har sin egen lista med prioriteter och därmed finns det inte regler som gäller för alla. Så länge, **emellertid**, man är duktig på att välja det man gör vid varje steg i sitt liv så kommer man att veta att man tar bästa möjliga beslut. Och detta är **kännetecknande för** en ansvarsfull människa.



# Intressant historia

Gillade du ämnet historia i skolan? Jag gillade det inte så mycket. Jag kunde inte fatta varför man ska läsa om händelser som ägde rum förr i tiden. **Dessutom** kunde jag inte fatta varför någon skulle plugga historia på universitetet och jobba som lärare i en specifik del inom historia eftersom man kan inte använda detta på ett praktiskt sätt i verkligheten. Jag måste dock erkänna att historien visade sig vara full av många intressanta, roliga, imponerande och **emellanåt** hemska händelser. Precis som på film!

Jag diskuterade med mina föräldrar om varför jag

skulle lära mig historia om jag blir ingenjör eller läkare, då det är **osannolikt** att jag kommer behöva ha kunskap om historiska händelser. Varför ska jag känna till Egypten och faraonerna? Varför skulle jag läsa om det romerska riket eller den franska revolutionen? Senare fattade jag att historia inte är användbart i vardagslivet. Historia fungerar inte som ett verktyg, som något praktiskt som till exempel statistik. Det går inte att jämföra nyttan mellan olika kunskapsområden på det sättet.

Kunskap om historia har andra sorters fördelar. Genom att till exempel läsa om Chin Si Huang Ti lär man sig om hur man är en rättvis kejsare som kunde styra sitt rike under **tumultartade** tider. Genom att läsa om Galileo Galileis och Isaac Newtons experiment lär man sig vilka metoder man använde inom vetenskaperna **i en annars** inte så välkomnande miljö för vetenskap. Genom att läsa om revolutionerna i historien lär man sig hur det var att kämpa mot orättvisa auktoriteter och kungar och hur rättigheterna kunde vinnas **mot alla odds**. Genom att läsa om andra världskriget, de politiska och de militära händelserna, lär man sig om hur viktigt det kan vara att studera militära strategier, men samtidigt att det som händer **bakom kulisserna** kan påverka ett krigs resultat.

Berättelser om Harmodios och Aristogeiton i antikens Grekland lär ut hur man arbetar i det fördolda och **i maskopi** med varandra för att **ta hämnd** på en diktator. Genom att studera de lagar man skapade under antiken, kan man få en bild av vad man på den tiden ansåg vara etiskt och oetiskt. Genom att läsa om staten och kyrkan under medeltiden i Europa lär man sig vilka makter som styrde över folket och vilka **extrema åtgärder** de makterna ibland använde för att kontrollera folket och stävja uppror i samhället. Genom att läsa om förhistoriska tider och jordens historia för miljoner (till och med miljarder) år sedan lär man sig mycket om geologi, men också om hur lång tid **det dröjde** för vissa geologiska fenomen att formas. Då lär man sig samtidigt om hur lång tid det tog för jorden att se ut som den gör idag. Att läsa om Hitler, Stalin och andra hemska diktatorer och om hur de tog makten, lär en hur det är att leva i ett förtryckande samhälle samt hur propaganda kan användas mot **yttrandefrihet**.

Kanske är det svårt att bestämma hur man börjar läsa historia. Borde man börja med jordens början? Eller hur liv uppstod? Eller med människans historia sedan människor började skapa de första samhällena och de första skriftliga berättelserna? Faktiskt tror jag att olika människor skulle välja att fokusera på olika tidsperioder. Det är förstås inte ovanligt att man börjar läsa om vissa storslagna händelser, till exempel en imponerande uppfinning. Vanligast är dock att man börjar läsa om händelser eller tidsperioder vars teman är associerade till ens egna yrke eller intressen. Det man har varit fascinerad av under livet, såsom sport, vetenskap, konst, politik, krig eller relationer mellan människor kan också påverka. Intressanta fakta finns **överallt** i historien, så kanske är det en bra idé att organisera läsningen i kapitel.



En vän till mig gillar främst att läsa om händelser som har haft stor påverkan inom teknologi och uppfinningar vars användning **avspeglas** i dagens samhälle. Därför gillar han att läsa om Leonardo Da Vinci och hans flygande maskiner, gamla Grekland och de allra första datorerna som följde planeternas rörelser, om gamla Kina och den första maskinen som kunde förutspå kommande jordbävningar, och så vidare. Jag håller med om att det är jätteintressant att läsa om uppfinningar som har förändrat människors liv till det bättre. Genom att konstruera och använda dessa uppfinningar kan vi spara tid, pengar och energi vilket betyder - **i större skala** - att folks liv ändras **i positiv riktning**.





En annan vän till mig gillar främst att läsa militärhistoria. Trots att jag inte gillar krig och strider, måste jag erkänna att det är mycket intressant att läsa om militära allianser under historiens gång. Jag tror att länder som kämpat **sida vid sida** mot andra länder som velat **hävda sig mot** dem, har skapat täta militära (och ofta också ekonomiska) relationer. En annan sak han gillar att läsa om är hur starka och berömda imperier **blev beryktade** på ett sätt som vi idag fortfarande känner till. Till exempel ville Djingis Khan expandera sitt imperium så mycket som möjligt. För att nå sitt mål startade han krig mot angränsande länder, erövrade dem och **gjorde sin närvaro känd** som en stormakt att räkna med i andra länder kring Mongoliet. Folk såg då honom som en erövrare. Ett annat exempel är Isaac Newton och det rykte han fick som någon som specialiserade sig på **avvikande** praxis inom alkemi, trots att han också var en lysande vetenskapsman inom riktiga vetenskaper. Dessutom, trots att han hade gjort imponerande upptäckter kring fysik och matematik, hade han också fått rykte om sig som en person som hade ett häftigt temperament och blev **ursinnig** på andra vetenskapsmän som ville introducera idéer som skulle komma att **konkurrera med** hans upptäckter. Det sägs att Newton, under skydd av kungen på den tiden, försökte att **avlägsna** idéer som tävlade med hans egna idéer, men också att han till och med lät döda andra vetenskapsmän.

Jag gillar att läsa om olika händelser i historien. Men jag föredrar att läsa om konstiga, knasiga och inte så kända ögonblick som inte många känner till. I synnerhet gillar jag berättelser om två eller fler kända personer vars liv **sammanföll** under vissa speciella omständigheter. Ett exempel är relationen mellan Leonardo Da Vinci och Niccolo Machiavelli. Alla känner till dem som uppfinnare **respektive** författare. Men inte många vet att de hade planerat att stjäla floden Arno, och förstås misslyckades. De ville **omdirigera** floden från Pisa så att Florens skulle bli starkare via sjöhandeln. Da Vinci planerade att bygga stora maskiner som skulle tömma en plats på vatten och sedan pumpa ut det på en annan, men på grund av dålig finansiering **gick** hela projektet **åt skogen**.

Mitt favoritexempel på två kända personers liv som **överlappar** varandra och ledde till en inte allmänt känd historia är den om Gregor Mendel och Charles Darwin. Charles Darwin ville, **till skillnad från** hans pappas vilja, studera biologi och ekologi. När Charles Darwin skrev sin världsberömda bok *Om arternas uppkomst* introducerade han många **banbrytande** idéer och metoder för att förklara hur arter hänger ihop med varandra. Han baserade sin teori på sina observationer av skillnader mellan olika fågelarter på Galapagos-öarna samt andra observationer. Dessa skillnader innebär, **i teorin**, att alla arter och organismer på jorden kommer från en gemensam förfader och därför är alla organismer släktingar till varandra. **Förutom** det var Darwins mål att bevisa att arter inte dyker upp efter att en gammal art har dött ut såsom generationer som följer varandra. Evolutionen är mer komplicerad än så och sker inte **i en rak linje**. Den tar form av ett träd istället för en rak väg från en art till den andra. Och det är orsaken till att biologer numera pratar om "livets träd".

Ett idé som Darwin lyfte i sin evolutionsteori var att vissa fysiska egenskaper som organismen har ser ut som om de kom från sina föräldrar. Och dessa föräldraegenskaper ser i sin tur ut som om de kom från deras föräldrar, och så vidare. Problemet med Darwins undersökning och vetenskapliga teori var att han inte gav en förklaring på hur dessa biologiska egenskaper ärvs från en generation till en annan. Och när hans berömda bok publicerades år 1859 var den en enorm, **förbluffande** framgång i den vetenskapliga världen (men den ansågs **likväl** vara ett hot mot hur kyrkan teologiskt förklarade arternas ursprung).

Gregor Mendel var en munk som bodde i en kloster i Tjeckien. Han experimenterade **ständigt** under en period med blommor i klostrets trädgård och upptäckte då att vissa fysiska egenskaper nedärvs till nästa generation och kommer till uttryck på olika sätt beroende på vilka gener som kontrollerar vissa egenskaper. Om till exempel två gener är lika starka och kommer från en gul hanblomma och en röd honblomma, blir nästa generations blommor orangea. Om den röda genen är starkare än den gula blir istället blomman röd. Teorin var på den tiden bara en svag hypotes och Mendel hade ingen aning att den skulle bli **obeskrivligt** viktig och användbar i framtiden, när vetenskapsmän skulle återupptäcka hans teorier i början på det tjugonde århundradet. Då Darwins bok blev en sådan massiv succé lyckades Mendel komma över en kopia och läste den. Han blev riktigt imponerad och insåg att Darwin kanske kunde använda Mendels anteckningar om egenskapers ärftlighet för att bättre förklara hur de kan leda till nya arter. Så han skickade sina anteckningar till Darwin, men Darwin vägrade att läsa igenom dem. Man är inte säker på varför han inte gjorde det. Kanske tyckte han att Mendels teori var **slarvig,** kanske var han inte säker på Mendels **avsikter.** Mendel beskrev gener och andra begrepp som var okända på den tiden, så kanske var det så att Darwin inte fullt förstod Mendels anteckningar. Trots att Mendel skickade sina anteckningar **i god tro** och ville hjälpa Darwin, så missade Darwin tyvärr chansen att få en genetisk förklaring till sina teorier.

En annan kompis till mig älskar att läsa om politik, lag och rätt. Ibland berättar han om hur filosofer och psykologer, **i allra högsta grad**, har påverkat politik och införandet av lagar. Ett exempel är Immanuel Kant och hur hans tankar ändrade synen på etik och sedan påverkat lag och rätt. När John Rawls kom ut med sin bok *Political Liberalism* väckte den stor uppmärksamhet. Boken innehåller en redogörelse **i fråga om** politisk och juridisk jämlikhet och **ses idag som** ett mycket viktigt verk om mänskliga rättigheter och det sociala kontraktet.

Ibland är det svårt att förutse vad som blir lag i ett samhälle. Kanske kan man säga att det bara går att tänka på det folk behöver men ännu inte har. Och ett bra sätt att upptäcka vad folk behöver är att se vad som driver folk till att **säga ifrån** och protestera, och sedan förändra samhället därefter. Filosofer föreslog för decennier sedan att man borde titta på det som ibland kallas för en **oskriven lag**. Alltså regler som människor har skapat med och för varandra för att kunna leva och socialisera bättre tillsammans. Dessa regler är inte officiella lagar, utan något man har tyst bestämt att följa. De **brukar** dock vara enkla regler som är svåra att göra om till en lag eftersom de är många och ofta motstridiga. Till exempel delar inte alla samma åsikt om vilken tidpunkt man borde sluta spela hög musik på kvällen, **med hänsyn till** de som vill lägga sig tidigt. Men för det mesta följer folk redan dessa regler (med vissa undantag) trots att de inte är skrivna i lag. Vi kanske beter oss så eftersom vi tänker på den gyllene regeln: "gör *inte* mot andra som du själv *inte* vill bli behandlad". Annars skulle samhället följa **djungelns lag.**

Ett annat exempel på intressant, och ibland lite knasig, aspekt av historia är då konkurrensen mellan två eller fler makter försöker vara den kraft som antingen styr ett land eller har den största andelen på marknaden (exempelvis med en produkt). I synnerhet under det tjugonde århundradet, efter att många länder hade infört bättre handelsregler och kommunikationer med varandra, fanns det stora företag som var i hård konkurrens med varandra och **gick genom eld och vatten** för att ha det starkaste och mest kända varumärket. Ett bra exempel är "kriget" mellan Coca-Cola och Pepsi.

När dessa två varumärken infördes på marknaden blev båda populära **inom kort.** Tidigare fanns ingen söt och kolsyrad dryck. Detta koncept blev så framgångsrikt att det idag **knappast** finns några människor (åtminstone i västvärlden) som inte **känner till** dessa varumärken. Hur kom det sig att det blev så? Svaret är att båda företagen helt enkelt var hungriga på framgång. De visste att de hade upptäckt en produkt som folk ville ha, inte bara för sockret, utan också för koffein - det får en känna sig vaken och full av energi. När både Coca-Cola och Pepsi blev framgångsrika ville båda företagen ha den största andelen av marknaden. För att nå detta mål var de villiga att gå **bortom** alla rimliga sätt att konkurrera varandra. Båda två försökte sälja exklusivt på utvalda restauranger och de hade till en början liknande design. Först på 1990-talet ändrade Pepsi sin färg till från röd till blå för att lättare kunna särskiljas från Coca-Cola. Det var då **enbart** ett marknadsföringsknep, men det var ett lyckat sådant. Människor började associera Pepsi med den blå färgen och till slut **hade** folk **ett gott öga till** den nya färgen.

En annan intressant historia jag gillar att prata om, är den om två personer som jag av olika anledningar **ser upp till**: Thomas Edison och Nikola Tesla. Hela historien bakom deras konkurrens är, **utan tvivel**, en av de mest intressanta samt galnaste historier jag någonsin hört talas om. De var två av världens viktigaste uppfinnare inom samma fält och de tävlade mot varandra för att etablera sitt eget överföringssystem på energimarknaden. Edison var en produktiv uppfinnare som skapade många saker, till exempel glödlampan, megafonen, med mera. Han **stod fast vid** åsikten att likström var bästa sättet att förse samhället med energi. Tesla däremot insisterade på att växelström var bättre.

Numera vet man att båda sorterna är bra inom olika användningsområden. Likström används till exempel i batterier och växelström rör sig **längs** elledningarna till uttagen i våra hem. Men på Edisons och Teslas tid visste man inte det vi vet nu. Edison ville etablera sin version av el, men för att göra det krävdes stark finansiering. Eftersom Edison redan var välkänd, lyckades han samarbeta med den berömde bankmannen J.P. Morgan. Tesla var inte lika känd som Edison och ganska **lågmäld** som person, men lyckades inleda ett samarbete med George Westinghouse Jr. Kriget mellan de två uppfinnarna började...

Edison fick reda på att arbetare hade dött i olyckor med växelström så han **passade på** att **sprida ut** ryktet att växelström var jättefarligt. Med åren erkändes växelström som det bästa systemet för att elektrifiera landet. Kriget mellan uppfinnarna var långt och intensivt. Teslas idéer var bättre och mer användbara, men han lyckades inte demonstrera dem med praktiska framsteg. **Till slut** var det dock Tesla som vann kriget, efter att Edison erkänt sitt nederlag genom att ansöka om en Westinghouse-patentlicens, Teslas företag, för att använda växelström i sina elektrifieringsprojekt.

**På det stora hela** är historien full med många fascinerande och otroligt intressanta fakta. Många av dessa historiska fakta **ligger bakom** andra fakta eller en stor välkänd händelse, vilket ofta betyder att man måste studera en händelse grundligt för att fullt förstå den. Men tro mig,  det är det värt! Du kommer **bli till dig av glädje** när du upptäcker hur full av intressanta historier mänsklighetens förflutna bjuder på.



# Vad som kommer bli

Om rubriken hade varit en fråga, kunde det korta svaret ha varit "ingen aning". Ofta pratar man om "rutin" för att beskriva det som händer varje dag i ens liv men man vet egentligen aldrig vad som kommer att hända dagen **därpå**. Livet är oförutsägbart ibland och det kan hända att ens planer måste ändras radikalt för att anpassas till den nya situationen. Till exempel kan man planera att gå på semester men något händer **i sista sekunden** och då blir man tvungen att **skjuta upp** sina planer.

Men plötsliga händelser som **orsakar** förändringar

behöver inte bara vara olyckor eller något som **går snett.** Till exempel kan två personer bestämma sig för att gifta sig och skaffa barn, vilket inte bara är en stor livsförändring för båda två, utan också för deras familjer. Ett giftermål är förstås mer komplicerat än en plötslig händelse eftersom det betyder mer ansvar, bättre koll på budget för barn och mycket mer planering för paret som kommer bli föräldrar. Jag minns en diskussion jag hade med min pappa när jag var liten, då han sa att han var jätteglad att han och min mamma skulle få mig. Men samtidigt betydde det också att han borde börja bli **flitig som en myra** för att tjäna bättre och spara mer pengar . Såklart var båda mina föräldrar jätteglada, att få barn är ju inte bara ansvar och problem. De flesta som planerar och försöker få barn är **i sjunde himlen** så fort de vet att de kommer bli föräldrar.

Men varför börjar jag med kapitel på det här sättet? Eftersom jag vill betona rubrikens mening: att livet är ett hjul **i ständig rörelse.** Saker, situationer och människor förändras hela tiden. Kanske en aning varje dag så att man inte märker det på grund av vardagslunken. Men även vardagar kan ha sina överraskningar. En dag kanske börjar som en vanlig dag, men om något kan hända helt plötsligt och då kanske man blir tvungen att springa **kors och tvärs.** Vid olika händelser måste man anpassa sig till olika situationer och därför tänka på olika sätt. Man måste använda **än det ena och än det andra** verktyget för att lösa det aktuella problemet. Och att kunna göra det blir jätteviktigt när man blir förälder, eftersom barn har sina egna behov som inte kan vänta. När man har familj så betyder det att man **binder upp sig** till att vara nära sina närmaste släktingar och ta hand om dem.

Jag minns själv för många år sedan, när jag brukade sitta med min pappa i vardagsrummet, spela schack och prata om **allt mellan himmel och jord**. En kväll berättade han om hur det kändes för honom att bli pappa för första gången. Han sa inte så mycket. Han sa att han var jätteglad förstås men samtidigt fick han känslan av att han kommer bli tvungen att försörja sin familj **i ur och skur**. Kanske skulle staten kunna hjälpa till, via bidrag, men största delen av ansvaret skulle alltid vara hans och mammas. Han var glad, men också lite rädd, och det **med all rätt**. Men allra mest medveten om vad den nya situationen skulle innebära.

Jag tror att "att vara mer medveten" varje gång man går genom en ny situation, bra eller dålig, är jätteviktigt. Eftersom det visar att man har tagit till sig ny information, fått ny kunskap om något och därför kan man vara smartare och klokare nästa gång man

**står inför** ett nytt problem. Och precis det lärde jag mig när jag började söka jobb här i Sverige. Jag började med ett enkelt CV. Efter varje jobb fick jag dels erfarenhet och kunskap inom ett område, dels mer självförtroende. Detta innebar samtidigt att jag fick en chans till ett bättre, eller åtminstone liknande, jobb och att jag kunde **härda ut** konkurrensen mellan mig och andra jobbsökande. Tyvärr när man inte har erfarenhet av jobb eller jobbmarknaden är man dömd att **driva omkring** på stan på jakt efter något att syssla med. Även om det bara är för en kort tidsperiod. Man gör vad som helst för att få ett jobb och det är en sorts investering som kommer att löna sig i form av erfarenhet. När jag fick mitt truckkort visade det sig att jag hade en fördel av det i jämförelse med andra jobbsökande, trots att jag inte hade mycket erfarenhet av att köra truck. Då **kommer man fram till** slutsatsen att varje sak man gör blir ett plus.

Och efter att jag hade hittat något som passade mig började jag jobba så mycket att jag brukade **ta ut mig**. Det hände många gånger att jag **med nöd och näppe** lyckades få sex timmars sömn. Men det var värt det. Livet fick en helt ny mening för mig. Jag började tänka och agera annorlunda. Jag blev mer ansvarstagande och mina kollegor såg mig som mer och mer pålitlig när jag hade jobbat hos dem i några månader. Livet flyter inte längre på **i samma tempo** som tidigare. Och det gillar jag mycket!

För många blir första jobbet en timanställning. Det betyder ofta att man inte är garanterad ett visst antal timmar per månad, och att man kan få jobba vid behov. **Så vitt jag vet** har dessa jobb inte stor möjlighet att bli en fast anställning i framtiden, alltså ett jobb med mer garanti för en stabil sysselsättning och fler semesterdagar. Men de är alltid ett bra första steg för att få en fast anställning. Jag märkte att ju mer jag jobbade, desto fler timmar fick jag. Kanske för att de visste att de kunde lita på mig. Vissa månader tjänade jag **drygt** 20 000 kronor i månaden och andra månader **knappt** 19 000 kronor, om det inte fanns så mycket att göra. Men det kommer inte vara så för evigt. Sådana jobb funkar bäst för någon som ett verktyg för att få kunskap, kompetens och bygga upp ett bra CV för framtiden. Jag minns när jag jobbade i lager. Hos Systembolaget, matlager, lager för papper och liknande produkter. Jag älskade lagerjobb och fick jättebra recensioner från mina arbetsledare. Jag kände mig **som fisken i vattnet**… och tänkte att det inte skulle vara så dåligt att ha ett lagerjobb för alltid. Även i mitt nuvarande jobb, när vi har grejer att flytta eller lagra hjälper jag alltid till eftersom jag **trivs** med manuellt arbete. Det var roligt att ta emot beställningar, ha koll på produkterna och deras artikelnummer, och sedan lagra dem på rätt ställe. Det var enkelt och roligt! Men det gav ingen chans att avancera i företagshierarkin. **Annars** skulle jag fortfarande jobba där!



Som sagt, så har livet sina överraskningar. Och det är de som styr de största förändringarna i vårt liv. Min vän hade aldrig kunnat gissa att företaget han jobbade på skulle **slås ihop** med ett annat, vilket resulterade i att flera personer förlorade sina jobb. En annan väns pappa blev sjuk i cancer och han var tvungen att **kliva in** och betala stora summor för pappans behandling. Själv skulle jag inte ha kunnat ana att jag skulle flytta till Sverige **med anledning av** den ekonomiska krisen i Grekland. Det lät till en början som en bra idé, men jag tror man alltid har en massa olika tankar när det gäller ett så stort steg i ens liv... Jag var säker på att jag ville flytta och upptäcka ett nytt land och träffa människor med ett helt nytt tankesätt. Men i början **vågade** jag inte göra det. Jag hade ingen aning om hur jag skulle börja på nytt, i ett nytt land, ensam och utan min familj och vänner. I ett kallare klimat och omgiven av människor som pratade ett helt annat språk. Och vilken chock det blev, trots att varken språket eller samhället gjorde mig så orolig. Jag visste att jag hade flyttat till ett land som erbjöd många möjligheter till någon som bara kan engelska. Sverige är också ett land som kan hjälpa någon som har pluggat en vetenskap och vill jobba med detta. Självklart är det ett stort plus att redan ha ett personnummer och att kunna tala språket, men det är hinder som bara **vid enstaka tillfällen** står i vägen för en. Om man har bestämt sig för att bli en riktig del av samhället, då klarar man av det.

Ofta kan det bli så att man dessvärre inte hinner eller **orkar** vara med på språklektioner. Har man barn eller ett stressigt jobb, tar det all energi från en. Men det behöver inte betyda att det inte finns någonting man kan göra. Att studera språket, **antingen** i högt **eller** i lågt tempo, är alltid bra att göra. Genom att läsa tidningar, titta på en film på svenska eller lyssna på radio tar ens hjärna in information och kanske lagrar den något nytt varje gång. En bra idé kan vara att lära sig ett ord varje dag, vilket  blir 365 nya ord på ett år. Det finns alltid metoder att lära dig ett språk, så länge du har viljan att göra det. Om du vill så går det att försöka så mycket du kan, bara **sitt lugnt i båten** så kommer det gå bra.

En gång pratade jag och en kompis **för skojs skull** om vad som skulle hända om en jättestor katastrof skulle äga rum på jorden. Till exempel ett scenario där en asteroid slår ner på vår planet. Vad skulle vi som mänsklighet göra och hur skulle vi klara oss, om vi lyckas överleva katastrofen? Hemsk tanke, jag vet! Och ibland **vägrar** jag att tänka på det eftersom framtiden då känns så mörk. Men det var samtidigt intressant att diskutera det som ett tankeexperiment för att få oss att fundera på olika lösningar. Så, vad skulle hända om en jättestor katastrof skulle **ske** på jorden?

Det är svårt att svara på, såklart. Även om en asteroid skulle träffa jorden, betyder det inte nödvändigtvis att hela miljön skulle **falla ihop**. Men samhället skulle inte se ut som det gjorde innan. Även om de flesta människor inte skulle dö av själva nedslaget, skulle radioaktiviteten vara så stark att vår tillgång på energi och internet skulle vara kraftigt drabbade. Det skulle leda till att många förlorar sina jobb och att mycket av den mat vi har skulle **gå ut**. Många skulle få panik och använda drastiska metoder i försök att få mer mat eftersom **nöden har ingen lag**. Myndigheter skulle inte kunna hantera paniken i samhället och många skulle **ta saken i egna händer**, till exempel att skydda sina ägodelar från tjuvar. Och beroende på katastrofens storlek, kan det ta många år innan situationen slätas ut och återgår till hur det var innan katastrofen. Många djurarter skulle dö ut och en stor del av naturen skulle bli förstörd. **Förutom** djurarter som kan motstå höga temperaturer eller radioaktivitet, som vissa bakterier. Fler djurarter skulle försvinna än växtarter. Det är möjligt då växter har en längre livscykel och långsammare evolution vilket gör att de snabbare än djur kan hitta sätt att överleva i den nya miljön. Det kommer **rätt och slätt** att vara en jättedålig situation för alla levande organismer, en katastrof **proportionerlig med** ett stort antal atombomber som detonerar samtidigt. Jag använde detta som exempel då det har hänt förut, när dinosaurierna dog ut. Vetenskapsmän säger att en sådan risk inte finns **på kartan** just nu. Och förhoppningsvis kommer det inte hända i framtiden heller!







Kanske är det dags att lägga sådana katastrofscenarier **åt sidan** och prata om något roligare.



Ett av mina favoritcitat kommer från Odysseas Elytis, den grekiske poeten och författaren som 1979 vann Nobelpriset. Citatet lyder: "Havet kan inte ha fel". Poetiskt eller inte? Jag känner dem som tycker att poesi är **slöseri med** tid. Det håller jag inte med om. Tvärtom. Poesi kan beskriva känslor och berättelser på ett lyriskt sätt. Allt kan sägas på olika sätt och i olika former för att beskriva en situation man inte kan förändra. **I gängse mening** betyder det att naturen, universum och krafterna som styr våra liv inte har fel eller rätt enligt vår mänskliga tolkning. Vad människor ser som rätt eller fel är bara deras tolkning av hur alla borde agera eller säga och har därmed ingen universell betydelse. Och det synsättet uppskattar jag eftersom det öppnar för två olika tolkningar:

1. Man kan inte kontrollera vissa situationer eller hur något kommer bli.
2. Naturens krafter samt andra faktorer i samhället kan förändra våra liv, oavsett vad man planerar eller önskar göra.

Det spelar ingen roll om det finns något som **jag vill göra mig av med**; om jag inte kan radera det från mitt liv så måste jag vänja mig vid det. Det spelar ingen roll om det finns något som får mig att **se rött** om det inte kan förändras: man måste acceptera det och fortsätta med livet.

Detta innebär såklart inte att man måste acceptera situationer som kan förändra ens liv och som kan påverkas. Politiska skandaler, brottslighet eller när någon **bär sig illa åt** mot någon annan borde få konsekvenser. Man måste alltid kämpa mot orättvisa och ojämlikhet. Jag tror att när man försöker förbättra världen, är ingenting man gör **förgäves**. Men det citatet av Elytis och tolkningen av den menar på, är att man inte kan påverka eller förändra vissa saker.

Jag minns när det första köpcentret öppnade i södra Aten. Många, mig själv inkluderad, trivdes där. Jag minns att många **såg fram emot** att besöka det, promenera runt i de olika butikerna, titta på kläder och skor, gå på bio… eller kanske bara äta lunch och sedan fika efter på samma ställe. Eller bara sitta där och njuta av utsikten, titta på folk som kommer och går. Det kan vara avkopplande. Det fanns de som inte var nöjda med köpcentret och trodde att de nya butikerna skulle få folk att förlora sina jobb och andra skulle ha svårt att öppna egna butiker eller kaféer. Orsaken till det var att butikerna och restaurangerna i köpcentret kunde erbjuda lägre priser, samt att det var bekvämt med en plats där man kunde göra allt: handla, fika och äta. Därmed skulle man **slippa** förflytta sig till fler olika platser. Lägre priser skulle betyda att butiker i området kring köpcentret skulle få svårt att konkurrera med butikerna i köpcentret och folk som jobbade i dessa butiker **kände på sig** att de skulle förlora sina jobb.

Jag vet nästan ingenting om hur ekonomin fungerar så att jag kan inte säga om människorna hade rätt eller fel som kände oro. Men **till och med** idag har jag lagt märke till vissa små förändringar sedan köpcentret öppnade. Kriget mellan köpcentret på ena sidan och de lokala butikerna på andra sidan fick små effekter för båda parter. Vissa lokala butiker fick stänga **medan** folk som jobbade i köpcentret sa upp sig eftersom de tyckte att lönerna var för låga.

Köpcentret hade en ansträngd budget på grund av underhållskostnader. Efter några år såg det ut som om en balans uppnåtts och idag är de flesta nöjda, eller känner sig åtminstone okej med att köpcentret existerar. Det har äntligen blivit lugnt och människor har vant sig i den nya situationen.

Jag tror att de flesta gånger ett beslut tas, som att bygga ett köpcenter, så är det inte **av ondo**. Jag tror inte att det finns en politisk eller annan kraft bakom ett sådant beslut som vill påverka folks liv på ett negativt sätt, som att vissa förlorar sina jobb. Men ibland kan det bli så att **tidens tecken** ändrar människors liv på så sätt att problem kan uppstå. Ett exempel kan vara öppnandet av en galleria eller köpcenter. Varje ändring kan såklart innebära att landet, ekonomin eller folks liv förändras, åtminstone en aning. I synnerhet när det gäller en lag som påverkar många eller skapande av nya jobb. Jag skulle gissa att saker och ting inte bara är **frid och fröjd** efter en sådan ändring. Jag gissar också att vissa grejer, som folkets välfärd, är säkerställda innan ett sådant beslut tas. Och det kanske är det huvudsakliga tankesättet man måste använda som **måttstock**: att vara så säker som möjligt på att människors ekonomiska och sociala frihet inte påverkas.

Jag tror att osäkerheten kring hur saker och ting kommer se ut i en situation är orsaken till varför man inte vågar ta vissa beslut. Ibland känns det som om man **ger sig in** i något man inte vill eller att man kan **fastna** i en situation och till och med råka skada någon. Till exempel om man jobbar på ett stort företag, då vill man kanske inte göra något som kan komma att påverka andra människor. Jag minns när jag jobbade på ett stort lager där jag hade ansvaret för det system där alla beställningar togs emot och granskades innan de skulle delas upp mellan alla medarbetare. Då var jag tvungen att kolla upp:



1. Hur mycket tid har en medarbetare kvar på sitt senaste uppdrag och hur snabbt kan han eller hon ta nästa?
2. Om han eller hon snart har rast och därför inte borde ta nästa uppdrag just nu.
3. Om han eller hon är kvalificerad att använda vissa truckar eller maskiner, och se till att de gör det. Det spelar ingen roll om man är **stark som en björn,** man måste alltid använda truck för att inte skadas. Att ta hänsyn till sådana faktorer är också viktigt när man delar ut ett uppdrag.



Att hantera tiden på ett effektivt sätt var väldigt viktigt då vi hade mycket att göra, allt var bråttom och varje fel påverkar andra medarbetare i en kedjereaktion. Så ibland kände jag att jag var **i valet och kvalet** med att ta ett beslut eftersom jag visste att någon kommer **känna sig kränkt**, samtidigt som det var rätt beslut för företaget. Det var skönt när jag hade rätt när jag tog ett svårt beslut. De gånger det visade sig vara fel kände jag att **jag hade gjort bort mig,** trots att chefen var en smart, snäll och tålmodig man och aldrig skulle höja rösten mot mig.

En annan viktig aspekt att tänka på är att visa alla medarbetare rätt sätt att jobba på och att samarbeta med varandra. En dålig utbildning tror jag kan vara **roten till** många problem. Så att få en bra och detaljerad utbildning redan från början kan förhindra både problem och olyckor i framtiden.

Det som kommer bli, det som ligger framför oss, har alltid fascinerat mig. Kanske för att det är något som är nästan omöjligt att kontrollera och därför omöjligt att gissa sig till. Men jag tänker ofta på frågan "Kommer detta röra mig"? Är det verkligen så viktigt att veta så mycket som möjligt om det som kan **råka** hända? Svaret beror på vem man frågar, tror jag.

**Tills nyligen** trodde jag att det bästa sättet för att skapa fungerande och långlivade relationer är att visa ärlighet och att jobba hårt mot ett gemensamt mål. Då undviker man missförstånd och bygger en stark grund tillsammans. Och kanske är det så. Även om människor är i grunden helt olika, med skilda intressen och egenskaper, kan de förhoppningsvis sätta åt sidan sina olikheter och fokusera på vad de vill bygga tillsammans. Då kan de jobba framåt och tillsammans skapa något bra. Men ibland får man det bästa resultatet (och är därför en säkrare investering för framtiden) från människor som har **brutit bröd** tillsammans. Med detta menar jag människor som har byggt upp något från grunden tillsammans, såsom startat en familj eller en ny arbetsplats De har gemensamt gått igenom olika stadier, både positiva och negativa. Så bygger man upp en relation på glädje, och kanske även kärlek, för något istället för en känsla av skuld. Om man **står i skuld** för något så gör man något bara för att bli av med den känslan och inte för att man egentligen bryr sig. Ju längre man **håller på** att jobba med något, desto mer engagerad blir man.

Men borde man veta vad som kommer hända eller är det kanske bättre att inget veta?

Som barn kom jag hem en dag från skolan och var **hungrig som en varg**. Det var tisdag, vilket innebar antingen bönor eller kikärtor till lunch, och den tanken gjorde mig nedslagen, jag hade aldrig varit särskilt förtjust i något av det. Eftersom veckans rutin såg ut

*Att bryta bröd: När människor delar med varandra en börja på något. Eng: To break bread*

*Att stå i skuld: Att vara skyldig till någon för något. Eng: to owe*

*Att hålla på med något: Att syssla med något. Eng: to be occupied with*

*Att vara hungrig som en varg: att vara jättehungrig. Eng: to be hungry as a wolf*

så, var jag helt säker på att det skulle bli just bönor eller kikärtor till lunch. Men mamma ville överraska mig, så hon lagade en sorts tacos med auberginer och köttfärs. Det uppskattade jag jättemycket, i synnerhet eftersom jag hade haft en dålig dag i skolan. Allt var så långtråkigt, det fanns ingenting som kunde **hålla mig vaken**. Jag försökte titta i boken framför mig, och runt omkring mig, till och med serietidningen i min väska. Men ingenting fungerade, allt var bara så tråkigt. Minuterna kändes som timmar och ögonen ville bara blunda. Jag satte mig på min plats, **tyst som en mus**, och försökte tänka på något roligt så att tiden skulle gå lite fortare.

I dessa stunder tror jag att det bäst att inte veta vad som kommer hända. Jag känner många personer som inte gillar överraskningar och jag måste erkänna att jag är en av dem. Men kanske är det bäst att inte försöka förutspå något som kommer hända, annars kan man gissa fel och det  kan leda till besvikelse. **I enstaka fall** kan det leda till att man förlorar pengar eller tid. Och jag är säker att ingen kan förutspå allt, även om man är både klok och smart. Så vore det bäst att veta om allt som ska hända, vad tycker du?

När något bra eller dåligt händer i vårt liv så är det aldrig en isolerad incident, oberoende av allt annat. Allt vi gör och säger är ett resultat av handlingar och

*Att hålla sig vaken:* att inte somna Eng: to stay awake

*Att vara tyst som en mus:* att vara jättetyst. Eng: to be quiet as a mouse

*I enstaka fall:* sällan. Eng: rarely

reaktioner i samröre med andra personer och vår omgivning. Om en faktor skulle ändras, förändras hela händelseförloppet, och kan till och med förstöras. En vän drev en gång på egen hand en liten marknad. Han brukade sälja pålägg, frysta rätter och smörgåsar. Men efter att regeringen presenterade nya regler och avgifter för elpriser, bestämde han sig för att installera solceller för att spara pengar. Han betalade mycket pengar för hela processen som han såg som en investering för framtiden. Efter några månader drog regeringen tillbaka avgifterna på grund av allmänhetens protester mot deras tidigare beslut. Han lyckades sälja solcellerna, men han hade redan förlorat mycket mer. När jag pratade med honom efter detta sa han att "det var ett slag i magen" och hans bankkonto gick back under många år. "**Vissa sår läker aldrig**" sa han, men jag är säker han bara var irriterad och ledsen över det som hänt. Förhoppningsvis återhämtar sig hans ekonomi.

Jag hoppas jag inte har fått er att känna er illa till mods med den sista berättelsen. Det var bara ett exempel på hur saker och ting är svåra att förutse. Livet är magiskt, hemskt, överraskande och kul, allt på samma gång. För vissa rullar livet på bra, medan andra råkar ut för fler motgångar och lär sig av dem, får man hoppas. Men vi alla är här för att leva, kämpa på och uppleva alla erfarenheter livet har att erbjuda.

*Vissa sår läker aldrig: när något aldrig blir bra igen Eng: some wounds never heal*

# Vad är annars **vitsen med** att leva egentligen!?

Bibliographi


- Parker, Steve: "Så funkar Naturen". 1992, England, Grisewood and Dempsey Ltd
- Barthelson, Malin: "Människokroppen". 2013, Sweden, Barthelson Förlag AB
- Levander, Hans: "Vem är vem i böckernas värld". 1992, Sweden, Örjan Nordling, Ligature AB
- Myndigheten för skolutveckling: "Svenska ord med uttal och förklaringar". Sweden, 2005, Liber Distribution Publikationstjänst
- Skoglund, Lotta och Lundwall, Bo: "Tillbaka till naturen". Sweden, 2016, Massolit Förlagsgrupp AB
- Baum, Corinna et al: "Allt du behöver veta för att överleva i det 21:a århundradet". 2008, Norstedts Förlagsgrupp AB